LE
SALON DE 1869

PAR

LOUIS AUVRAY

STATUAIRE

DIRECTEUR DE LA REVUE ARTISTIQUE

Ancien président du Comité central des Artistes, vice-président de la Société
Libre des Beaux-Arts, membre de plusieurs Sociétés savantes.

PARIS

Vᵉ JULES RENOUARD, RUE DE TOURNON, 6, ET
AUX BUREAUX DE LA REVUE ARTISTIQUE
Rue Bréa, 8, Faubourg St-Germain.

1869

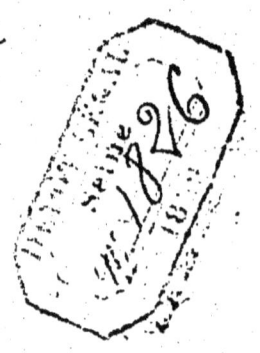

EXPOSITION DES BEAUX-ARTS

OUVRAGES DE M. LOUIS AUVRAY :

POÉSIE

DÉLASSEMENTS POÉTIQUES D'UN ARTISTE (1849). — 1 vol. in-12.

BEAUX-ARTS

SALON DE 1834. — 1 vol. in-12.	SALON DE 1857. — 1 vol. in-12.
SALON DE 1835 — Idem.	SALON DE 1859. — 1 vol. in-8.
SALON DE 1837. — Idem.	SALON DE 1861. — Idem.
SALON DE 1839. — Idem.	SALON DE 1863. — Idem.
SALON DE 1845. — Idem.	SALON DE 1864. — Idem.
SALON DE 1852. — Idem.	SALON DE 1865. — Idem.
SALON DE 1853. — Idem.	SALON DE 1866. — Idem.

EXPOSITION UNIVERSELLE DE 1855 (*les Artistes et les Industriels du département du Nord*). — Brochure in-12.

LE SALON DE 1867 ET LES BEAUX-ARTS A L'EXPOSITION UNIVERSELLE, 1 vol. in-8°.

LE SALON DE 1868 suivi d'une réfutation de la brochure de M. Lazelges, 1 vol. in-8°.

PROJET DE TOMBEAU POUR L'EMPEREUR NAPOLÉON Ier, précédé d'un historique du concours ouvert en 1841, Album in-4° orné de planches gravées et de photographies, dont S. M. l'Empereur Napoléon III a daigné agréer la dédicace.

Tous ces ouvrages se trouvent aux bureaux de *la Revue artistique et littéraire*, rue Bréa, n° 5.

POUR PARAITRE PROCHAINEMENT :

ALBUMS DES SCULPTURES EXÉCUTÉES PAR LOUIS AUVRAY.

1° Album de 18 médailles historiques accompagnées de notices.

2° Album de 21 bustes historiques exécutés pour les musées et les monuments publics. Chaque buste est suivi d'une note biographique.

3° Album de 16 statues, groupes et bas-reliefs exécutés pour les monuments publics. Une description du sujet est placée en regard de chaque planche.

4° Album de 6 monuments exécutés ou encore à l'état de projets. Un texte est joint à chaque composition.

EXPOSITION DES BEAUX-ARTS

SALON DE 1869

PAR

LOUIS AUVRAY

STATUAIRE

DIRECTEUR DE LA REVUE ARTISTIQUE

Ancien président du Comité central des Artistes, vice-président de la Société Libre des Beaux-Arts, membre de plusieurs Sociétés savantes.

PARIS

Vᵉ JULES RENOUARD, RUE DE TOURNON, 6, ET
AUX BUREAUX DE LA REVUE ARTISTIQUE
Rue Bréa, 5, Faubourg St-Germain.

1869

SALON DE 1869

I

AVANT L'OUVERTURE DE L'EXPOSITION.

Chaque année, avant l'ouverture de l'Exposition annuelle des Beaux-Arts, l'Administration est l'objet d'attaques malveillantes et de propositions de réformes à apporter au règlement. Nous allons repousser les unes et réfuter les autres.

Que le lecteur juge de l'esprit de parti auquel obéit M. Baume, et s'il est permis de répandre des insinuations comme celles ci :

« Les artistes sont anxieux de savoir s'ils cesseront enfin
» d'avoir la palette et le ciseau régis par le sabre du maré-
» chal... le militarisme pour grand maître de l'art... Il est
» à peu près certain qu'un général remplacera le maréchal-
» ministre... Ne désespérons pas, si cela continue encore

» quelque temps, de voir, après le général, le colonel et
» bientôt enfin le dernier des caporaux occuper la place du
» ministre des beaux-arts. »

M. Edmond Baume nous rappelle ces tribunaux révolutionnaires qui condamnaient les citoyens les plus honorables rien qu'à cause de leurs titres ou des hautes fonctions qu'ils avaient remplies sous la royauté. Lui « qui n'aime pas à dénaturer les faits, » il feint d'ignorer que, le maréchal Vaillant a, à côté des services et des talents militaires qui lui ont valu le titre le plus élevé qu'on peut atteindre dans l'armée, des travaux scientifiques qui lui ont ouvert les portes de l'Institut, et, qu'il est, comme le maréchal Niel, l'un des administrateurs les plus distingués de notre époque. Quand on n'a encore rendu aucun service à son pays, quand on n'a encore produit aucune œuvre importante, comment n'être pas plus modeste, plus réservé, sinon plus respectueux à l'égard de ceux qui se sont illustrés soit dans l'armée, soit dans les lettres, soit dans les arts? Mais, pour le besoin du parti qu'il sert, notre confrère ne veut voir en le maréchal Vaillant qu'un troupier sans instruction, incapable d'aucun sentiment artistique, et menant les artistes à coups de plat de sabre. Cependant son plus sérieux, son principal collaborateur, M. Eugène Bellangé, aurait pu l'éclairer, le rassurer, car il nous semble que ni lui, ni son regretté père Hippolyte Bellangé, n'ont pas eu trop à se plaindre du « sabre du maréchal » et des procédés de « l'homme du Cercle. »

M. Edm. Baume nous dit : « Je n'aime pas les militaires. » Soit; tous les goûts sont dans la nature. Mais cela ne donne pas le droit de méconnaître les services rendus aux pays et à la science. Puis comment comprendre qu'un directeur de journal qui déteste les militaires, va justement choisir pour rédacteur M. Eugène Bellangé, un artiste qui passe sa vie au milieu des soldats, qui ne peint que des scènes de la vie de troupiers, et qui fera sa fortune et sa réputation, comme son père, en retraçant sur la toile les glorieux faits d'armes de notre histoire militaire.

Du reste, notre confrère aurait pu ajouter qu'il n'aimait pas davantage les académiciens et les fonctionnaires, si nous en jugeons par les phrases suivantes :

« Ne recherche-t-on pas les académiciens dans tous les

» corps d'état (sic), sauf parmi les littérateurs?... Une kirielle
» de gens qui n'ont rien fait pour cela se trouvent sur le ta-
» pis pour les prochaines élections : M. Théophile Gautier,
» qui, il est vrai, est bibliothécaire de la princesse Mathilde;
» — M. de Loménie... Oh! voilons-nous la face!...

Et plus loin :

« M. Camille Doucet... il est tombé bien bas. »

Nous le répétons, on ne répond pas à de telles attaques; il suffit de les citer pour qu'il en soit fait justice; ce n'est ni de la critique, ni de la discussion, c'est de l'esprit de parti. Que notre collègue publie une étude critique sur les œuvres littéraires de MM. Camille Doucet, Théophile Gautier et de Loménie, nous la lirons et nous la réfuterons dans ce qu'elle nous paraîtra avoir d'erroné et de passionné. Voilà, selon nous, la seule et vraie mission des journaux d'art et de littérature.

Mais passons maintenant à l'examen de l'article de M. Eugène Bellanger : *L'Exposition des Beaux-Arts et le règlement* (*étude raisonnée*).

Si, c'est par à un mouvement de mécontentement que M. Eugène Bellangé a passé à l'ennemi, c'est-à-dire à la rédaction d'un journal systématiquement hostile à l'administration, il a du moins la loyauté de joindre l'éloge à la critique, ainsi qu'on va en avoir la preuve.

« Après avoir fait voir le *contre* et ses dangers, dit-il, il est loyal aussi de rendre justice au *pour* et à ses bienfaits. Le retour des *expositions annuelles*, l'extension du suffrage, l'élection partielle du jury, le grand prix de l'Empereur, l'admission sans examen de tout artiste récompensé, n'eût-il eu qu'*une médaille* ou le grand prix de Rome; les récompenses elles-mêmes augmentées déjà, quoique insuffisantes par leur nature et leur limite ; le maintien des *deux médailles d'honneur*; le maintien si légitime aussi des *salles alphabétiques* qui force le public à voir, chercher et juger par lui même en répandant un peu partout l'attrait et l'intérêt du Salon ; la nomination du jury préservé par l'*élection* de l'indifférence et des dangers du hasard; les cartes d'entrée accordées à *tout artiste exposant ou non*, soit que son nom figure au livret de l'année, soit qu'il ait eu précédemmen une médaille; ces cartes délivrées, aussi aux élèves de l'École des Beaux-Arts, toutes ces mesures enfin sont des plus libérales et des plus justes, et n'ont pu que soulever la reconnaissance des artistes... »

Ainsi doivent tomber « ces vœux imaginaires d'associations nouvelles, intéressées, irréalisables dans leurs effets, aux dividentes *fictifs*, incompatibles avec nos mœurs et nos idées françaises, et dont le résultat déplorable, *en sacrifiant trop facilement, et sans raison le concours de l'État*, serait de priver l'art et les artistes du solide appui qu'ils réclament, qu'ils ne sauraient renier et qu'ils sont en droit d'exiger. Associations tentées, d'ailleurs, depuis longtemps, condamnés par l'expérience... »

Il ajoute encore : « et quant aux tableaux des vieux maîtres, le Louvre, en vue duquel ont été faits tant de sacrifices, le Louvre peut désormais attendre et tenir tête aux plus fameux Musées d'Europe... Chacun rend justice aux acquisitions renommées de ce palais d'élite, aux sommes énormes, généreuses et dignes qu'on y a consacrées, aux innovations heureuses et à l'habile direction qui en ont encore rehaussé l'éclat... »

Voilà qui est vrai et bien dit, mais le directeur et le rédacteur du *Globe artistique* sont en contradiction. Selon le directeur, M. Edmond Baume, le maréchal Vaillant, ministre des Beaux-Arts, ne serait qu'un crétin, qu'un sabreur, le surintendant qu'un insouciant, un gaspilleur des collections du Louvre, et l'Empereur un souverain qui sacrifie tout au militarisme. Selon le rédacteur, M. Eug. Bellangé, au contraire on doit beaucoup à l'Empereur qui, entre autres encouragements aux Arts, a fondé un prix de cent mille francs et deux prix annuels de quatre mille francs, et chacun rend justice à l'administration du maréchal Vaillant et du comte de Nieuwerkerke, à *tant de sacrifices faits, aux acquisitions renommées, aux sommes énormes, généreuses, aux innovations heureuses et à l'habile direction qui ont encore rehaussé l'éclat des collections du Louvre.*

C'est là également un démenti donné à M. Galichon, qui dit, dans la *Chronique des Arts* du 14 mars, que l'Angleterre va créer un musée supérieur à ceux de notre France, *où l'État ne fait rien pour les arts*

Dans cet article sur le Règlement de l'Exposition des Beaux-Arts l'auteur émet quelques vœux qui nous paraissent mériter l'attention de l'administration, puis il critique deux ou trois des réformes apportées à l'ancien Règlement. Nous commencerons par ces propositions et nous répondrons ensuite à ces critiques des réformes auxquelles nous avons quelque peu contribué (1).

Il faudrait que l'artiste ait « la liberté *facultative* d'ajouter à la notice de ses œuvres, ainsi que cela a lieu dans la plupart des expositions de province et de l'étranger, le prix demandé par lui pour chacune d'elle. » Nous croyons aussi que cette mesure serait favorable aux exposants.

Il demande aussi la création d'un Louvre pour l'école

---

(1) Un de nos collègues, bien connu des artistes, M. Alphonse Sage, a dépouillé nos Revues des Salons et dressé la liste des réformes dont nous avons pris l'initiative. En voici quelques extraits :

En 1853, M. Auvray demandait que l'administration des Beaux-Arts et la direction générale des Musées fussent réunies dans les mains du même administrateur. La chose s'est faite onze ans plus tard, en 1864.

Dans la Revue du même Salon, il sollicitait l'organisation d'une loterie comme celles qui ont lieu dans les Expositions de province, et quatre ans après, en 1857, la première loterie avait lieu à la suite du Salon.

En 1855, il exprimait le vœu qu'à l'avenir l'entrée du Salon soit gratuite au moins le dimanche. Deux ans plus tard, en 1857, l'entrée gratuite, le dimanche, était accordée.

En 1859, il réclamait : — 1º l'exemption du jury pour les ouvrages des artistes médaillistes de deuxième et troisième classe ; six ans après, en 1865, on faisait droit à cette demande ;

2º Que le nombre des ouvrages exposés fut borné à trois pour chaque artiste, et cette mesure était insérée, quatre ans plus tard, au Règlement du Salon de 1863 ;

3º Qu'un artiste ne soit exempté de passer au jury que pour les ouvrages du genre dans lequel il a été récompensé ; après sept ans de persévérance, cette réforme était mise en pratique au Salon de 1866 ;

4º Que le nombre des médailles décernées, n'étant plus en rapport avec le chiffre des exposants, et la somme de talent répandu dans tous les genres, le nombre en devait être augmenté. Cinq ans plus tard, en 1864, le chiffre des médailles qui n'était que de 48 fut porté à 69, dont 40 pour la peinture.

Enfin, en 1868, il demandait qu'une carte d'entrée fut accordée aux artistes récompensés, non exposants. Cette faveur a été insérée aux Règlements de 1869.

moderne « où puissent prendre place un jour ses représentants les plus célèbres; vœu légitime et unanime, complément indispensable de ce Musée du Luxembourg, déjà si riche, mais d'où bien des grands noms, bien des chefs-d'œuvre se trouvent fatalement exclus, soit par insuffisance des budgets, soit par insuffisance de salles qui semblent envahies, trop peu nombreuses ou par trop restreintes »

Ce n'est pas d'aujourd'hui que ce projet est à l'étude, mais il ne nous paraît pas possible à réaliser de sitôt. En attendant, l'administration y supplée par des succursales établies dans les principaux musées de province.

Arrivons maintenant à la critique des réformes introduites depuis quelques années au règlement de l'Exposition des Beaux-Arts.

Pour apprécier sciemment ces réformes, il faut connaître les causes qui les ont amenées, il faut avoir vécu sous le régime qui a précédé ces réformes, avoir été témoin des plaintes, des injustices auxquelles ce régime a donné lieu, et en avoir souffert soi-même. Depuis 1824, que nous suivons et étudions les Expositions, nous avons quelque expérience en ces matières; M. Eugène Bellangé nous pardonnera donc si, sur certains points, nous ne sommes pas de son avis. Notre confrère a le bonheur d'être trop jeune pour avoir connu l'ancien régime, et, eût-il été de cette époque, que, dans sa condition de naissance, il n'en aurait point souffert. En effet, les fils de membres de l'Institut ou d'artistes parvenus à la réputation, ont leur carrière favorisée, sinon assurée en naissant. Ils vivent dans l'aisance, choyés dans la famille; ils sont instruits dans les lycées, et leurs études artistiques, dirigées par leur père, un maître qui n'est pas chiche de ses conseils, de ses leçons; leurs débuts sont encouragés, protégés par les amis de ce père, dont les camarades sont professeurs à l'Ecole des Beaux-Arts, membres des jurys d'admission et des récompenses aux Expositions: ils sont admis, tout jeunes encore, dans les salons que fréquente leur père, et où, d'ordinaire, on a l'honneur de n'être appelé qu'après s'être fait une réputation, soit dans les arts, soit dans les lettres. Or, dans de telles conditions, il nous paraît difficile qu'on n'arrive pas, sans se douter des vices d'un régime dont on n'a pas eu à souffrir.

Mais pour le pauvre diable qui débarque à Paris, poussé par cette fièvre qu'on appelle l'amour de la gloire, la rage d'être artiste, oh ! pour celui-là, c'est tout autre chose. Sans fortune, sans protection, forcé de chercher dans le travail et le pain quotidien et les moyens d'étudier ; vivant de privations de toutes espèces, marchant de déception en déception ; à celui-là il faut une foi inébranlable dans son art, une énergie à toute épreuve ; il lui faut le double de temps, le double de talent pour attirer l'attention et se faire un nom honorable dans les arts. Et, pour quelques natures d'acier qui ont résisté à cette vie impossible, et qui ont atteint le but, combien ont dû s'arrêter à moitié chemin, impuissants à continuer cette route où l'écueil renaît à chaque pas ! combien, hélas ! sont morts de privations et de chagrins !

S'il est tout naturel que les premiers tiennent à un ordre de chose qui favorise leurs intérêts, il n'est pas moins naturel que les autres, et surtout l'administration actuelle, aient cherché les moyens de dérouter toute camaraderie, de supprimer toute domination d'école, soit dans les concours, soit dans les Expositions officielles de l'Etat.

Les Expositions officielles de l'Etat n'ont pas été instituées en faveur de telle école plutôt que de telle autre, de tel genre de peinture plutôt que de tel autre ; c'est un concours auquel sont conviés, aux mêmes titres, toutes les écoles et tous les genres.

Une fois ce principe, vraiment démocratique, adopté, il fallait supprimer la domination de l'école classique, représentée par l'Académie des Beaux-Arts, qui repoussait de nos Expositions tout ce qui s'écartait de sa manière de faire : les œuvres d'Eugène Delacroix, de Robert Fleury, de Diaz, de Théodore Rousseau, de Jules Dupré, etc. ; il fallait trouver la combinaison d'un jury formé des représentants de toutes les écoles, afin qu'aucune ne fut opprimée.

C'est à tort qu'on a souvent dit et écrit que les refus du jury académique avait pour mobile des jalousies, des haines. Trop haut placés dans les arts pour envier qui que ce soit, ces illustres maîtres n'obéissaient qu'à leur conviction, qu'au principe d'une école, la seul bonne, selon eux, la seule qui doive exister.

Quant à nous, en demandant de remplacer le jury académique par un jury sorti du suffrages des artistes nous n'avons cherché qu'à détruire l'esprit de camaraderie d'école, nous n'avons eu en vue que de remplacer un privilége par une mesure libérale, mettant les artistes à l'abri du despotisme de l'esprit de coterie.

Y est-on parvenu? Non, pas entièrement. Mais il faut reconnaître que tel qu'il est composé aujourd'hui, le jury est essentiellement éclectique sans que l'élément académique en soit exclu, puisque sur douze artistes qui composent le jury de peinture, on compte cinq membres de l'Académie des Beaux-Arts.

La combinaison que propose M. E. Bellangé offrirait-elle des garanties d'indépendance plus réelles, plus complètes? Nous ne le croyons pas. Demander que tous les membres de l'Académie des Beaux-Arts soient de droit du jury et en forment ainsi les *deux tiers*, c'est rétablir à peu près l'ancien ordre de chose, favorable à un certain nombre d'artistes, mais contraire aux intérêts de la majorité d'entre eux.

Notre confrère demande encore qu'on accorde à chaque artistes le droit d'exposer un plus grand nombre d'ouvrages.

Voici les raisons pour lesquelles nous avons sollicité que le nombre des ouvrages à exposer fut restreint au chiffre de trois pour chaque artiste.

Les Expositions officielles sont des concours et non des bazars institués pour la vente des ouvrages. Et puis, le nombre des œuvres exposées, déjà si considérables, déjà si fatiguant à examiner, ne dégoûterait-il pas les visiteurs, ne blaserait-il pas le goût du public? D'ailleurs, c'est sur les instances de membres de l'Institut que nous avons, pendant plusieurs années, réclamé cette réduction. Ils déclaraient que si cette réforme n'était pas accordée, ils se verraient forcés de renoncer à faire partie du jury, tant l'examen d'une si grande quantité d'ouvrages les fatiguait. Quelques artistes prétendaient qu'on ne devrait exposer qu'un ouvrage, le meilleur de ceux faits dans l'année. Le chiffre de trois nous a paru préférable. L'administration a pris un terme moyen; elle s'est prononcée pour deux, nombre suffisant à l'artiste qui se préoccupe beaucoup plus de sa réputation que du commerce de tableaux.

M. E. Bellangé veut le rétablisement de l'ancienne classification des médailles : première, deuxième et troisième classes, et qu'on eu augmenter le nombre, qui lui paraît encore insuffisant quoiqu'il ait déjà été presque doublé en 1864. C'est une preuve que notre confrère ne croit pas, comme quelques-uns de ses collaborateurs, à la décadence de l'art sous le règne de Napoléon III.

Nous n'avons pas à chercher les motifs qui portent notre confrère à préférer les trois classes de médailles de l'ancien régime, aux médailles actuelles, d'une valeur unique, pouvant s'obtenir trois fois. Nous laissons à son collaborateur, M. de Lacour, le soin de le réfuter en citant le fait suivant.

« De retour de son voyage dans les mers du Levant, dont il rapporta des cartons pleins de croquis d'une si grande originalité, Decamps peignit et exposa son charmant tableau de *la Patrouille de Hadji-Bey*, le chef de la police de Smyrne, escorté de ses soldats albanais. Cette toile fut l'événement du Salon, elle inaugurait cette série d'œuvres d'un si puissant coloris qui a placé Decamps au niveau des plus grands peintres des écoles hollandaise, italienne, flamande et française. Mais l'oracle rendu par Abel de Pujol n'était pas oublié, et les critiques classiques ne pouvant nier la richesse et la vigueur de la palette du nouvel exposant, se rejetèrent sur son ignorance du dessin et déclarèrent que la pose d'Hadji-Bey était impossible, et que pour la réaliser il fallait supprimer une partie du dos du cheval. Les envieux, si nombreux parmi les artistes, battirent des mains, et Decamps allait être *éreinté* lorsqu'il fit à ses adversaires la seule réponse qui pût rester sans réplique. Un matin, avant l'admission du public, nous nous rendîmes, tous ses amis avec lui au Salon et devant nous avec un crayon blanc, il dessina sur son tableau les nuds de l'homme et du cheval, et prouva ainsi non-seulement que la critique était mal fondée, mais encore qu'aucun artiste ne pouvait le surpasser pour l'exactitude et la correction des formes académiques. Nous nous partageâmes entre tous ses camarades la mission de faire à tour de rôle et en nombre suffisant, la faction auprès de son œuvre, afin que nul n'effaçat l'ingénieuse et accablante réplique. Les zoïles devenus muets, il fallait que le jury se prononçât sur le classement et la valeur de l'œuvre. Aujourd'hui, avec la classe unique de médailles, Decamps eût été récompensé comme il le méritait. Mais avec les diverses sortes de médailles d'argent ou d'or, de 1re, 2e et 3e classe, avec l'esprit routinier que, quelque fût le mérite, déclarait une croûte historique supérieure à un chef-d'œuvre peint sur une toile de chevalet, *dite de Genre* et qui n'accordait une médaille de 2e classe qu'après l'obtention d'une médaille de 3e classe, etc., etc., la direction des musée royaux envoya à Decamps une médaille d'argent. Le peintre indépendant la renvoya au ministre de la Maison du Roi en lui écrivant qu'il ne demandait pas l'aumône....

« Nous avons cru devoir citer ce fait, dont nous avons été témoin, afin de justifier notre opinion, qui est contraire à celle de M. Bellangé sur le rétablissement des ancien classements, des anciennes médailles et des anciens jurys. »

Ce sont des faits de cette nature et de plus graves encore qui ont déterminé l'administration actuelle à n'avoir plus qu'une seule sorte de médailles.

Quoi qu'il en soit, l'article que nous venons d'examiner fait honneur à M. Eug. Bellangé, c'est une œuvre sérieuse, l'œuvre d'un artiste convaincu auquel il manque un peu d'expérience, défaut dont les ans le guériront trop tôt.

II

ÉLECTION DU JURY D'ADMISSION ET DES RÉCOMPENSES.

Le lundi 22 mars, à 4 heures, le sénateur surintendant des Beaux-Arts a procédé à l'ouverture des urnes contenant les bulletins de vote pour l'élection des deux tiers des membres du jury de l'Exposition des Beaux-Arts de 1869.

Le dépouillement du scrutin a donné les résultats suivants :

Section de Peinture, Dessins, etc. (12 jurés à élire.)

Ont été élus :
MM. Gérome, de l'Institut,
  Baudry,
  Pils, de l'Institut,
  Bonnat,
  Bida,
  Gleyre,
  Fromentin,
  Comte,
  Breton (Jules),
  Daubigny (Charles-François),

Robert-Fleury (Joseph-Nicolas), de l'Institut,
Cabanel, de l'Institut,

On obtenu ensuite le plus de voix :

MM. Rousseau (Philippe), Cabat, Brion, Millet (J.-F.), Français, Corot.

Section de Sculpture et de Gravure en Médailles.
(8 jurés à élire.)

Ont été élus :

MM. Barye,
Guillaume, de l'Institut,
Perraud, de l'Institut,
Soitoux,
Dumont, de l'Institut,
Dubois (Paul),
Cabet,
Carpeaux.

Ont obtenu ensuite le plus de voix :

MM. Jouffroy, Thomas (Jules), Cavelier, Marcelin.

Section d'Architecture. (6 jurés à élire.)

Ont été élus :

MM. Duc,
Labrouste (Pierre-François-Henri.)
Duban,
Vaudoyer,
Violet-Le-Duc,
Ballu.

Ont obtenu ensuite le plus de voix.

MM. Baltard, Lefuel, Questel.

Section de Gravure et Lithographie. (6 jurés à élire.)

Ont été élus :

MM. *Lalanne,*
Mouilleron,
Jacquemart,
Boetzel,
Gaucherel,
Henriquel.

Ont obtenu ensuite le plus de voix :

MM. Flameng, Pisan, Nanteuil (Célestin.)

Le dernier tiers du jury dont la nomination est attribuée à l'administration, par l'art. 13 du règlement de l'Exposition, est composé ainsi qu'il suit :

Section de Peinture, Dessins, etc.

MM. Arago (Alfred), Cottier, le vicomte Delaborde, Théophile Gautier, Lacaze, le comte de Lezay-Marnésia.

Section de Sculpture et Gravure en Médailles.

MM. Barre (Jean-Auguste), Michaux, de Saint-Victor (Paul), Soulié (Eudoxe.)

Section d'Architecture.

MM. Bœswillwald, Lenoir (Albert), du Sommerard.

Section de Gravure et de Lithographie.

MM. de Beaumont (Adalbert), Blanc (Charles), Marcille (Eudoxe.)

On le voit, ainsi que nous l'avions prévu, le jury de 1869 est, sauf deux ou trois noms nouveaux, composé des mêmes artistes qui figuraient aux jurys des précédentes années. Pour la peinture, les nouveaux jurés sont MM. Bonnat et Comte ; pour la sculpture, M. Paul Dubois ; pour l'architecture, MM. Violet le Duc et Ballu ; pour la gravure et la lithographie, MM. Lalanne et Boetzel. Jamais nous n'avions vu autant de mouvement, autant d'intrigue, autant de listes de candidats mises en circulation, et c'est chose très heureuse que cette quantité de coteries, car leur division fait qu'aucune n'arrive à triompher des autres et à la domination si désirée par chacune d'elles. Aussi les meneurs qui se réjouissent d'avance en voyant leurs noms en tête d'une liste, sont-ils tout désappointés de ne pas les voir sortir du scrutin définitif. Nous en connaissons qui ne se découragent pas : chaque année ils réunissent les amis pour former une liste de candidats ; les amis inscrivent naturellement les noms de ces meneurs en tête de la liste, et chaque année le suffrage universel se montre toujours aussi inexorable à leur égard.

III

A PROPOS DU RÈGLEMENT.

On nous demande si nous avons renoncé à réclamer la réalisation des deux dernières réformes du programme que nous nous étions tracé. Nous n'abandonnons jamais ni les personnes ni les principes que nous défendons. Ces deux réformes sont d'un intérêt trop sérieux, elles sont trop vivement désirées par tous les artistes pour que nous ne les reproduisions pas chaque année, jusqu'à ce que l'administration en ait reconnue l'urgence et les ait introduites au réglement de l'Exposition. D'ailleurs les mêmes faits, les mêmes plaintes s'étant encore représentés cette année, nous ne saurions mieux faire que de rappeler ce que nous disons depuis un certains nombre d'années :

« Qu'a-t-on reproché de tout temps aux jurys de nos Exposition des Beaux-Arts?

Deux choses :

1° La précipitation de leurs jugements, causée par le trop grand nombre d'œuvres d'art à examiner;

2° L'influence de l'esprit d'école ou de camaraderie dans les décisions du jury d'admission et des récompenses.

Or, quel moyen employer pour rendre plus sérieux les Examens du jury d'admission au Salon ?

Un seul, à notre avis : réduire le plus possible le nombre des ouvrages soumis à l'appréciation du jury.

L'administration actuelle, qui se préoccupe avec une constante sollicitude de l'inrérêt des artistes, et daigne écouter les observations qu'elle trouve justes, *nous a déjà beaucoup accordé* pour rendre la besogne du jury moins fatiguante, moins précipitée, pour lui permettre de consacrer plus de temps à l'examen de chaque ouvrage présenté. Ainsi après avoir étendu successivement l'exemption du jury aux œuvres des artistes décorés, aux médaillistes de première et de deuxième classe, l'administration a accordé, en 1855, la même faveur aux médaillistes de troisième classe, et, en 1864, elle a limité à deux, pour chaque artiste, le nombre des ouvrages à exposer.

Certes, ces sages mesures ont bien simplifié le travail du jury d'admission ; cependant, l'expérience prouve qu'il reste encore quelque chose à faire dans l'intérêt du jury et des artistes.

D'une part, le jury trouve que, bien que restreint déjà, le nombre des œuvres soumises à son appréciation est encore trop considérable pour qu'un examen sérieux soit consacré à chaque ouvrage présenté, et il désire que le nombre des œuvres qu'il doit examiner soit réduit encore. Ainsi, nous avons entendu dire (cette année 1869) à l'un d'eux, peintre d'un grand talent : « Il vient un moment où nous refuserions même un Raphaël ; nous n'y voyons plus. » C'est si vrai, qu'un paysagiste de nos amis, auquel tout le monde disait : « Vous aurez une médaille » ayant été refusé, retira immédiatement ses deux tableaux, invita des membres du jury à venir les voir comme s'il ne les avait pu terminer pour le Salon, et, à la suite des éloges qu'il recevait, il leur dit : « Et pourtant vous m'avez refusé ces deux tableaux que j'avais envoyés à l'examen du jury de l'Exposition. — Comment ! s'écrièrent-ils, mais nous ne les avons pas vus ; nous vous l'assurons. » Malheureusement ce n'est pas le seul fait de ce genre dont nous puissions garantir l'authenticité, sans parler des tableaux d'artistes récompensés repêchés parmi les œuvres refusées.

D'autre part, les artistes non-médaillés, qui exposent depuis cinq, dix, vingt ou trente ans, qui ont été et sont encore chargés de nombreux travaux pour les monuments publics, qui ont une réputation mieux établie, mieux justifiée que celle de médaillistes d'une autre époque ; ces artistes trouvent qu'ils méritent l'exemption du jury au moins autant que les médaillistes de troisième classe, et qu'il est injuste de les considérer éternellement comme des rapins après tant de preuves de capacité, attestées par cinq, dix, vingt et trente admissions au Salon, et tant de travaux exécutés pour les monuments de l'Etat et de la ville de Paris. Ils pensent qu'il est temps de mettre un terme à une situation aussi imméritée qu'humiliante, ils demandent au moins *l'exemption de droit pour un* des deux ouvrages qu'ils présentent au jury de l'Exposition.

Pour celui qui, comme nous, inscrit, jour par jour, depuis plus de trente ans, les faits de chacun, pèse la valeur de chaque œuvre, connaît les moyens, les intrigues mis en jeu pour obtenir une médaille, nous trouvons cette réclamation aussi fondée que modeste. En exemptant du jury les ouvrages des artistes qui ont subi cinq examens, c'est-à-dire qui ont été admis cinq fois aux Expositions officielles, l'administration se montrera non-seulement équitable envers un nombre considérable d'artistes, mais elle aura encore, par ces exemptions, répondu au désir des membres du jury en rendant leur mission plus facile et plus consciencieuse. Car, d'après le relevé que nous venons de faire pour la peinture seulement, sa besogne eût été, cette année, diminuée de moitié, si les artistes, ayant été reçus cinq fois par le jury, avaient eu *un ouvrage* admis de droit à l'Exposition, puisque, sur 2,452 tableaux inscrits au livret de 1869, 1,350 tableaux n'eussent pas été soumis au jury (1).

Maintenant, comment empêcher l'influence d'école et de camaraderie dans les jurys d'admission et de récompense aux Expositions des Beaux-Arts.

A cet égard encore, on est forcé de reconnaître que M. le comte de Nieuwerkerke a essayé bien des combinaisons de

---

(1) Voir sur ce sujet nos revues des Salons de **1864, 1865,**

jurys pour donner satisfaction aux artistes. L'administration verra-t-elle enfin un jury dégagé de l'esprit d'école et de camaraderie? Nous l'espérons; mais, sous le régime actuel, que ce soit l'une ou l'autre des cabales en présence qui l'emporte aux élections, c'est encore et toujours la camaraderie qui présidera aux admissions et aux récompenses.

Nous le répétons donc, il n'y a qu'un moyen pour former un jury qui n'appartienne pas à la camaraderie, c'est de le tirer au sort parmi les artistes récompensés. Alors plus de cabale, plus de coterie organisée, plus d'intrigues auprès de messieurs tels et tels pour être admis ou récompensé, plus de manière de voir exclusive dans les admissions et les récompenses, puisque le sort prendra au hasard les jurés parmi les plus compétants interprètes des diverses écoles de l'art moderne. Et pour que le hasard ne produise pas parfois un jury composé de tous peintres de paysages, on mettrait dans une première urne les noms des peintres d'histoire, dans une seconde urne ceux des peintres de genre et d'intérieur, et, dans une troisième, ceux des paysagistes et des peintres de marines, puis on tirerait six noms de la première urne, trois de la seconde et autant de la troisième. Les graveurs en médailles devraient être également représentés au jury de sculpture par trois des leurs sur huit jurés, et il est indispensable que les graveurs en taille douce ne puissent plus être éliminés du jury de gravure où ils devraient au contraire se trouver en majorité, comme le sont, dans les autres jurys, les peintres d'histoire et les statuaires.

Voyez ce qui est arrivé cette année, le seul paysagiste élu membre du jury de peinture, M. Daubigny père, s'étant abstenu, le paysage n'a pas été représenté au jury, et sur six jurés, la gravure en taille douce n'avait qu'un représentant M. Henriquel, tandis que les graveurs à l'eau forte étaient en majorité. Le mode que nous proposons fait une part équitable à chaque genre, et met un terme à l'envahissement des coteries.

IV

PROMENADE A TRAVERS L'EXPOSITION

Peintures de MM. Bouguereau, Bonnat, Leuillier, Viger, Muller, Protais, Detaille (*les zouaves marchant à l'attaque*), Guério, Abel (Marius), Cabanel, Mlle Nélie Jacquemart, MM. Jules Lefebvre, Edouard Dubufe, Baudry, Gérome, Eugène Giraud, Charles Giraud, M. Jules Breton, Comte, Saintin, Fichel, Massé.

En parcourant l'Exposition ouverte aujourd'hui et visitée par plus de 70,000 personnes, nous nous disons en entendant tant de louanges : serions nous parvenu à convaincre ceux de nos confrères de la presse qui, chaque année à l'ouverture du Salon, criaient à la décadence de l'art, ou se sont ils, d'eux-même, rendu à l'évidence? Ce qu'il y a de certain c'est que jusqu'à présent il n'y a qu'une opinion sur la supériorité du Salon, de 1869, sur les progrès réalisés dans les différents genres, sur la diversité et l'originalité des talents. Que de luttes il nous a fallu soutenir pour amener ce résultat! Ce ne sera pas une des moindres gloires de notre époque que d'avoir vaincu la routine dans les arts, dans l'agriculture, dans la politique, dans l'économie sociale et dans la diplomatie. Où est le temps où tous les paysagistes faisaient le paysage comme Bourgeois, le maître d'alors? Aujourd'hui dans une Exposition qui se compose de 4,230 ouvrages, savoir: 2452 peintures, — 757 dessins, — 553 sculptures, — 26 gravures en médailles et pierres fines, — 92 projets d'architecture, — 291 gravures et 53 lithographies, on ne trouve pas deux peintures, pas deux sculptures de mérite qui se ressemblent par le sentiment et par l'exécution, ainsi que nous allons en avoir la preuve dans cette première promenade à travers l'Exposition, en nous arrêtant à tout ce qui frappera notre attention.

La première peinture qu'on aperçoit en entrant au Salon, c'est la vaste composition de M. Bouguereau, un plafond de 12 mètres de long, destiné à la salle des concerts du grand Théâtre de Bordeaux. L'artiste avait à représenter *Apollon et les Muses dans l'Olympe*, une sorte de récréation artistique offerte par le dieu des Arts aux autres divinités de l'Olympe. Cette composition est claire, et les groupes y sont disposés avec goût. Le coloris est d'une fraîcheur charmante, le dessin est correct, et les nus sont d'un modelé ferme, qui peut déplaire à ceux qui aiment le flou et l'à peu près, mais c'est une des qualités nécessaires à la grande peinture historique. Ces qualités du talent de M. Bouguereau, nous avions déjà eu l'occasion de les remarquer à l'église Saint-Augustin, où cet artiste a exécuté les grandes peintures de la chapelle de Saint-Pierre et Saint-Paul, et de la chapelle de Saint-Jean-Baptiste, d'une couleur naturellement plus sévère que celle du gracieux sujet mythologique qui nous occupe en ce moment. Puisque le mot d'ordre n'est plus de crier à la décadence, puisque les faux dévôts ne crient plus à l'impudeur pour les quelques figures d'études de nos expositions, nous recommandons à l'attention le dessin des figures du premier plan et l'élégance des formes du charmant groupe de Mercure et d'Iris. Avions-nous tort de soutenir que le grand art n'était pas mort, et qu'il suffisait de lui fournir l'occasion de se produire.

Juste en face du plafond de M. Bouguereau, nous en trouvons une autre preuve dans l'*Assomption de la Vierge*, grande composition, peinte par Bonnat, pour la chapelle de la Vierge, dans l'église Saint-André, à Bayonne. Cette toile est largement et solidement peinte ; trop solidement peinte, car, au premier aspect, ses duretés la font prendre pour une de ses grandes et belles mosaïques italiennes. Néanmoins, il y a dans cette grande toile la puissance d'un excellent peintre d'histoire.

Le très-grand et très-remarquable tableau de M. Leullier, qui occupe le côté gauche de ce Salon, est aussi d'un coloris puissant, mais harmonieux, car on peut avoir de la couleur et manquer d'harmonie. La scène est des plus dramatiques ; l'artiste a retracé un des nombreux épisodes des *Inondés de la Loire.* « Surpris par une crue subite de la Loire pendant une nuit d'octobre 1866, les habitants n'eurent que le temps de se réfugier sur les toits des maisons qui avaient résisté. Vers le jour les habitants d'Orléans, montés sur des barques et éclairés par des fanaux, apportaient des provisions, des vêtements, et recueillaient ceux pour lesquels le danger était imminent. » Toutes les parties de cette composition sont heureusement rendues ; on sent qu'en traitant ce sujet dans un cadre d'une telle dimension, M. Leullier n'a obéi qu'à son sentiment d'artiste, car l'Etat seul peut acheter cette toile pour en doter le musée de l'une des villes qui bordent la Loire. Ce serait une occasion d'encourager la grande peinture, trop longtemps abandonnée par les artistes.

Au-dessous des Inondés de la Loire, se trouve un tableau de Chevalet, autour duquel se groupe une foule incessante. Il est de M. Viger, que les injures et les critiques malveillantes n'arrêtent pas plus que les menaces ne nous ont effrayé ; il continue sa série de sujets de l'histoire intime de la dynastie impériale. Ses succès annuels le consolent du mauvais vouloir du jury des récompenses, et la rage de quelques-uns de ses confrères l'amuse et le dédommage des attaques des journaux de l'opposition.

Cette année, M. Viger nous fait assister aux *Loisirs de la Malmaison :* « Après le déjeuner, l'impératrice Joséphine s'occupait à broder au métier ; les dames à différents ouvrages, et un chambellan de service lisait tout haut les romans, ouvrages et mémoires qui paraissaient. Mlles Deslieux chantaient toutes deux à merveille. Sa Majesté aimait beacoup à les entendre, et lorsque la reine Hortense venait, on quittait l'uniforme permis et nous nous habillions comme pour un bal. Redouté, chargé de dessiner la flore de la Malmaison, soumettait chacune de ses œuvres. » Ce programme intéressant, mais difficile à traduire sur la toile, est rendu cependant avec clarté par M. Viger; tous les personnages s'y trouvent groupés avec une aisance bien naturelle. Tout dans ce petit tableau est étudié et rendu avec une conscience qui rappelle les maîtres hollandais, et tous ces personnages historiques sont très-ressemblants, même le jeune fils de la reine Hortense, le prince Louis, aujourd'hui Napoléon III.

Une scène révolutionnaire, peinte par M. Ch.-L. Muller, mérite aussi d'être citée pour le talent avec lequel elle est rendue. Comme la Constituante en 1848, la Convention est envahie, le 2 juin 1793, par les pétitionnaires; comme en 1848, les représentants sont menacés du poignard; mais ici ce n'est pas Lamartine que l'on veut frapper, c'est *Lanjuinais à la tribune;* il s'y cramponne et parle au milieu des menaces de mort, des vociférations des montagnards et des sans-culottes.

Le *Percement d'une route* à travers un bois est une des meilleures peintures de M. Protais ; il y a dans ces groupes de soldats une animation vraie et une fraîcheur charmante dans ce sous-bois. Nous avons remarqué, à quelque distance de cette toile, un petit tableau du même genre : *Repos pendant la manœuvre* au camp de Saint-Maur, par M. Detaille, qui se distingue par la finesse des tons, la variété des types, et cette composition a rappelé à notre pensée l'œuvre d'un jeune artiste : *Zouaves marchant à l'attaque.* Tous ses confrères et nous-même nous lui prédisions un succès... Hélas! le jury, comme l'a dit un de ses membres, était sans doute arrivé à ce moment de fatigue où, n'y voyant plus, il refuserait un Raphaël si on le lui présentait, et le tableau du pauvre artiste fut refusé.

M. Guérie, qui s'est fait remarquer au dernier Salon par un tableau représentant l'Impératrice visitant les cholériques à l'hospice d'Amiens, œuvre dont tout le monde a gardé le souvenir, expose, cette année, une composition non moins touchante, non moins bien réussie : *Saint Charles Borromée communiant l s pestiférés.* M. Guérie a la science de distribuer les masses, de les grouper avec un art qui grandit la scène, et laisse circuler l'air et la lumière dans toutes les parties de la composition. Ses figures sont étudiées avec conscience, et les expressions sont vraies sans aucun geste théâtral, défaut auquel on est trop souvent entraîné par un pareil sujet.

M. Abel (Marius) est coloriste; nous avons eu plus d'une occasion de le reconnaître, et il nous en fournit encore la preuve dans son tableau de la *Mort de sainte Monique*. C'est, si nous ne nous trompons, la plus grande composition que ce jeune artiste ait produite, et il s'en est tiré avec honneur. La disposition générale est sage; nous remarquons un progrès dans le dessin des figures qui sont aussi d'un sentiment vrai. Cette vérité de modelé se retrouve surtout dans une *Étude de femme* vue de dos, gracieuse figure que M. Abel aurait pu intituler : la sortie du bain, car cette étude fait tableau. Chairs et accessoires ont été étudiés avec soin.

L'exposition contient, cette année, un assez grand nombre de bons portraits.

On s'arrête avec plaisir devant le beau portrait de Mme C... et de celui de Mme la marquise de B..., d'une grande finesse de ton et d'une distinction charmante, exposés par M. Cabanel; devant le portrait de M. Duruy, si vivant, si largement peint par Mlle Nélie Jacquemart, et celui de Mme Z..., par M. Jules Lefebvre, qui s'est élevé l'année dernière au rang des premiers portraitistes par la vérité du modelé et la puissance du coloris. Les deux portraits exposés par M. Édouard Dubufe attiraient aussi l'attention par le charme de la couleur et la parfaite ressemblance; la physionomie du général Fleury est bien rendue; le comte de Nieuwerkerke, au milieu de sa riche collection d'armes, semble vous écouter et se disposer à parler. Nous allions oublier l'un des plus remarquables portraits du Salon, celui de M. Garnier, architecte de l'Opéra, sévère et solide peinture de M. Baudry. La tête et les mains sont dessinées et modelées de main de maître.

Comme toujours, les tableaux de genre sont en majorité et bon nombre sont très-remarquables. M. Gérôme explore l'Egypte qui lui a fourni l'occasion de tant de succès. Il nous donne un pendant au *Marchand d'habits au Caire*, qui était au Salon de 1867. Peint dans les mêmes dimensions, son *Marchand ambulant au Caire* a les mêmes qualités de dessin, les mêmes finesses d'exécution et la même harmonie de couleur. *La Promenade du Harem*, le soir, sur le Nil, est un de ces effets de lumière mystérieux qui porte à la rêverie et convient bien au sujet.

Auprès des mœurs du harem que M. Gérôme a observées sur le Nil, M. Eugène Giraud nous fait assister à un drame intime de l'amour en Espagne. Sous ce titre, *la Devisa*, il nous montre un matadore blessé à mort conduit à la chapelle pour y recevoir les derniers sacrements, et offrant à sa maîtresse *la Devisa* qu'il vient d'enlever, au prix de sa vie, en tuant le taureau. Cette scène, d'un sentiment passionné mais sincère, M. Eugène Giraud l'a rendue avec une simplicité vraie et touchante. Ce regard d'adieu que le matadore adresse à sa bien-aimée est plein de tendresse. Ce groupe du premier plan contraste d'une manière saisissante avec l'indifférence de cette foule tout entière au spectacle qui continue dans l'arène. L'artiste a trouvé des effets de lumière très heureux qui ajoute encore au charme habituel de sa couleur.

Si M. Eugène Giraud nous prouve qu'il est aussi bon peintre que célèbre pasteliste, son frère, M. Charles Giraud, nous donne une nouvelle preuve qu'il réussit avec autant de talent les tableaux de genre que les vues d'intérieur. C'est comme cela dans cette famille-là ; ils sont tous artistes jusque dans la moëlle des os, car on sait avec quelle rapidité M. Victor Giraud, le fils d'Eugène, s'est élevé, tout jeune encore, à un rang distingué dans la grande peinture où il est appelé à occuper une des premières places. Revenons à M. Charles Giraud qui aime la Bretagne. Son *Jeu de boules à Pont-Aven*, est largement peint et franchement breton. C'est la nature prise sur le fait : types, caractères, costumes et habitations, tout cela est rendu avec esprit et originalité.

Avec M. Jules Breton, nous sommes encore en Bretagne. Quelle foule compacte à cette procession *d'un grand pardon*, et quelle science de composition! Ce tableau n'a pas le charme de la couleur de la *Bénédiction des blés en Picardie*, le chef-d'œuvre de l'artiste, mais il a d'autres qualités : un dessin plus serré, un modelé plus fin, un coloris plus sévère. M. Jules Breton, auquel on reprochait de ne pouvoir sortir du Pas-de-Calais et de la Picardie, paraît disposé à explorer la Bretagne : personne ne s'en plaindra.

V

PROMENADE A TRAVERS L'EXPOSITION.

Peintures de MM. Comte, Saintin. Emmanuel Massé, Théodore Delamarre, Achille Zo, Gustave Colin, Théodore Frère, Sebron Justin Ouvrié, César de Cock, Camille Bernier, Hanoteau,.

Le tableau exposé par M. Comte est un des succès du Salon. L'artiste nous montre que, même au moyen âge, époque de la foi la plus sincère, les moines étaient l'objet d'un certain mépris populaire et de railleries dont les artistes du temps nous ont laissé le souvenir sculptés sur les stalles, les chapiteaux, les gargouilles des monuments gothiques. Tout dévot, tout superstitieux qu'il était, le roi Louis XI, malgré la maladie qui l'accablait, ne peut s'empêcher de rire en voyant ces petits cochons qu'un Bohémien fait danser devant ui et ses deux moines. Ce sujet est rendu avec esprit et surtout avec un tact qui fait honneur à l'artiste. Quant à l'exécution, elle est à la hauteur de la réputation du talent de M. Comte : mise en scène, types, costumes et accessoires, tout est traité avec un fini digne des maîtres flamands.

Deux petites toiles que les Flamands n'auraient pas dédaigné de signer, ce sont les jolies peintures de M. Saintin : *Fleurs de deuil* et *Fleurs de fête*. Ces deux charmantes jeunes femmes rappellent un peu, non comme sujet, mais comme disposition et comme délicatesse de sentiment, les deux compositions exposées l'an dernier par M. Marchal.

M. Fichel, qu'on accusait d'imiter M. Meissonier et de ne pouvoir sortir des costumes de la Régence, nous prouve cette fois qu'il peut grandir son cadre et réussir les personnages appartenant à toutes les époques. Le sujet de la plus petite toile est tiré d'une fable de La Fontaine : *le Fou qui vent la sagesse.* Les nombreux personnages de cette composition portent les costumes du moyen âge, si variés de caractères et si propres à faire valoir les formes du corps humain. Aussi peut-on apprécier ici les qualités du peintre et du dessinateur. Dans le plus grand tableau, M. Fichel nous fait assister aux sinistres apprêts d'un grand crime : *la Nuit de la Saint-Barthélemy avant le massacre* (24 août 1562). Des hommes d'armes parcourent les rues de Paris et marquent les maisons des Huguenots, tandis que d'autres transportent des armes. Ces rues désertes, ces pâles rayons de la lune qui éclairent les vieux édifices, les tours crénelées d'où va partir le signal d'égorger sans pitié une partie de la population parisienne, tout dans cette toile impressionne et intéresse, tant les effets sont heureusement combinés, les rôles sagement distribués, les personnages largement peints.

Voici encore une bonne petite toile : *Le général comte Legrand au passage du Rhin* (1795), par M. Emmanuel Massé, qui avait au dernier Salon une grande peinture religieuse destinée à la chapelle de l'hospice de Vervins. Cette année, ce n'est plus le calme de la foi que l'artiste devait rendre, c'est l'élan patriotique, la fougue chevaleresque de l'armée française qu'il a eu à peindre, et il l'a fait avec le talent d'un homme qui a l'instinct militaire et qui a pris part à plus d'une action. Les qualités du dessin et de la couleur de M. Massé se retrouvent dans le joli portrait de M. J. de la S...

M. Théodore Delamarre continue avec succès à nous initier aux mœurs de la Chine et à mettre en pratique sa théorie des contrastes et de l'harmonie des couleurs. Il faut reconnaître qu'aucune contrée n'était plus favorable à l'application de ce système. Les deux tableaux exposés par le peintre du Céleste-Empire attestent des progrès réalisés dans cette science si difficile de l'harmonie des couleurs. La *Lecture chez un Mandarin* et *un Mandarin chez lui* sont des scènes d'intérieur, simplement composées, sans cependant manquer de l'originalité d'une civilisation qui n'est pas tout à fait la nôtre. Les types sont rendus avec cette conscience d'un artiste convaincu qui fait tout d'après nature, personnages, meubles, étoffes, etc.

Nous pouvons en dire autant du délicieux petit tableau de M. Achille Zo : *Femme juive du Maroc*, dont nous avons vu chez l'artiste le riche costume et tous les objets précieux groupés autour d'elle. Quelle puissance de couleur et de lumière! Quelle passion dans l'expression de cette belle jeune femme étendue sur un sofa! est-il possible de pousser plus loin l'exactitude du rendu des broderies d'or, des étoffes de velours et de satin ainsi que les mille détails de ces accessoires qui meublent cet intérieur mauresque. Le second tableau de M. Achille Zo, *le Soir*, lui a été inspiré par les silhouettes bizarres des nuages et aussi par le souvenir de ces vers de Lamartine :

> Le soir ramène le silence.
> Assis sur ces rochers déserts,
> Je suis, dans le vague des airs,
> Le char de la nuit qui s'avance.

Cette composition est originale et pleine de poésie.

Mais voici un talent nouveau qui se révèle ou plutôt qui s'impose par la hardiesse du pinceau, la vigueur et la sincérité de la couleur, la vérité du dessin ; un artiste artésien improvisé peintre espagnol par la puissance du soleil qui inspira Velasquez et Ribeira. Ce tableau de M. Gustave Colin est encore un des succès du Salon ; il représente la course de *Novillos*, sur la place de *Pasages*, le jour de la fête de Saint-Jacques (provinces basques espagnoles). Cette scène, peinte en pleine lumière, est touchée avec une franchise, une énergie qui nous promettent un bon coloriste.

Comme puissance et, surtout, comme harmonie de coloris, il faut citer le tableau de M. Théodore Frère : *le Simoun*. Quelle fournaise que cette atmosphère en feu! Comment respirer au milieu de cet air chargé de sables brûlants! et cependant quel bel effet à peindre que cette espèce d'embrasement atmosphérique au milieu duquel on aperçoit les ruines imposantes de l'antique Palmyre! Cette toile est une des meilleures du Salon. Avec cette peinture, M. Théodore Frère expose une bien curieuse scène de mœurs musulmanes : *le Théâtre de Karagheuz*, les ombres chinoises au Caire, absolument comme chez M. Séraphin à Paris, avec cette différence, qu'au Caire les spectateurs sont des hommes, même âgés, tandis qu'aux ombres chinoises de M. Séraphin on n'y rencontre guère que des enfants et leurs bonnes. L'artiste a tiré un habile parti de cet effet de clair-obscur très-exactement rendu.

Si M. Sebron n'est pas un orientaliste pur comme M. Théodore Frère, c'est qu'il est cosmopolite ; qu'il a voulu parcourir et étudier les quatres parties du monde, de même que son talent s'est exercé à produire tous les genres de peinture. Cette année encore il nous montre deux natures opposées, le ciel brûlant de la Nubie et celui de la brumeuse Ecosse. M. Sebron expose une *Vue du temple d'Isis dans l'Ile de Philœ*, prise d'un tout autre point que ne l'a fait M. Frère dans le ableau qu'il a exposé il y a quelques années. Ici on peut mieux juger de l'architecture du temple d'Isis, que l'artiste s'est appliqué à faire valoir. Ces imposantes ruines se détachent sur un ciel magnifique et d'une extrême finesse de ton. Autant l'air est pur et chaud dans ce paysage, autant le ciel est chargé de nuages dans les froides et stériles contrées de l'Ecosse. La *Vue du lac Lomond*, et des montagnes qui l'entourent, offrent des lignes qui ne manquent ni de grandeur ni de pittoresque, mais d'une monotonie à donner le spleen et d'un froid humide à vous rendre perclu de douleurs. Dans ce triste pays, tous les aspects sont les mêmes. Cette couleur locale a été parfaitement rendue par l'habile pinceau de M. Sebron qui, nous le gagerions, est plus disposé à retourner au Mexique ou en Chine qu'en Ecosse.

Nous aimerions mieux nous trouver avec M. Justin Ouvrié au milieu des riantes vallées de la Suisse, que sur ces maigres rochers du royaume d'Ecosse. Cette contrée, si pittoresque et si recherchée des artistes, a fourni à M. Justin Ouvrié le motif d'un tableau charmant, *Thunn sur l'Aar*, dans le canton de Berne. Il est rare de rencontrer un artiste qui ait tant produit sans se ralentir et sans se négliger : ses tableaux sont peints, étudiés avec le même soin, la même conscience qu'il y a trente ans. Ainsi sa vue du *Printz Gracht* à Amsterdam est pleine de détails charmants qui, au lieu de nuire à l'effet général, contribuent au contraire à une homonie de couleur on ne peut plus agréable. La délicatesse du pinceau, la finesse des tons, la sincérité du dessin, la richesse du coloris sont autant d'attraits qui attirent et captivent l'attention du public et des amateurs. Aussi, est-il peu de musées, peu de collections que nous ayons visitées sans rencontrer une peinture ou une aquarelle de ce maître.

Les paysages sont, de l'avis général, on ne peut plus remarquables, et l'on s'aborde au Salon en se demandant : avez-vous vu *la Fin de la journée dans le bois,* à Langueville (Manche), de M. Decock ? Quelle fraîcheur, quelle transparence ! Et comme la lumière tamise bien à travers la haute futaie, dans son second tableau, *le Matin dans le bois,* à Sèvres ! Quelle délicatesse de détails dans cette peinture où rien n'est ni trop fait ni trop négligé. — Avez-vous remarqué la puissance et la vérité de coloris de M. Camille Bernier, dans ses deux vues de Bretagne, *Lande de Kerlagadic* et *Fontaine en Bretagne ?* Comme c'est grassement peint ! comme les plans sont bien observés ! — Que pensez-vous du paysage de M. Cibot, le *Bois de Meudon,* vu des hauteurs de Chaville ? Qu'il est grand de lignes, qu'il est solide et harmonieux de couleur, et que les fonds sont légers et jolis ! — Quelle fraîcheur de ton dans les deux tableaux de M. Hanoteau, la *Passée du grand gibier* et *les Roseaux !* Comme c'est franchement, largement peint ! — Et les paysages de M. Anastasi, de M. Nazon, de M. Daubigny, de M. Corot, de M. E. Breton, etc., auxquels ce ne sera pas trop de consacrer un chapitre spécial !

Il y a aussi au Salon actuel de très-belles natures mortes, *l'Été* et *l'Automne,* de M. Philippe Rousseau ; *Après le bal,* de M. Vollon ; les deux toiles de M. Blaize Desgoffe, le tableau de M. Constantin, *le Rosier cent-feuilles,* de M. Lays, *la Branche de châtaignier,* de Mme Emeric, etc., etc., sur lesquels nous reviendrons bientôt.

VI

PROMENADE A TRAVERS L'EXPOSITION.

Les irréconcilia les de la critique. — Peintures de MM. Chenavard, Monchablond, Carbillet, Thirion, Petit de Marville, Priou, Tony Faivre, Paul Tillier, de Rudder, Nazon, Anastasi, Corot, Daubigny père, Emile Breton, Cartellier, Frédéric Legrip, Jules Thépeau, Desavary.

Nous nous sommes trop hâté de déclarer, dans un précédent chapitre, qu'il n'y avait qu'une opinion sur la supériorité du Salon de 1869. L'esprit de parti et la manie du dénigrement n'ont pas tardé à reproduire leurs lamentations habituelles.

Le journal d'un de nos confrères, — un irréconciliable qui a juré de renverser l'administration actuelle, quand même il devrait sacrifier jusqu'à sa dernière pièce de vingt sous, s'exprime ainsi sur l'Exposition : « Si la quantité pou- » vait en matière d'art remplacer la qualité, la France aurait » le droit d'être bien fière (1). »

Ne semble-t-il pas à entendre notre confrère, que l'art, « en France, » ne brille que par la quantité, tandis qu'à l'é-

---

(1) La *Chronique des Beaux-Arts* du 9 mai 1869.

tranger c'est la qualité qui domine ? Halte-là, cher confrère, nous avons trop défendu l'honneur de la France pendant notre séjour à l'étranger, pour permettre qu'on le rabaisse ainsi au sein de la patrie. La haine vous égare, vous oubliez le rang que l'Ecole française occupait à l'Exposition universelle où tous les maîtres étrangers étaient représentés, et vous ne voyez pas que cette supériorité de nos artistes est la même au Salon de 1869 ; vous sacrifiez notre gloire nationale à votre amour propre froissé, à votre intérêt personnel ; mais l'opinion publique vous a déjà condamné, en proclamant les progrès réalisés à l'Exposition de 1869.

Un autre de nos confrères de la presse s'écrie : « Hélas !
» le Salon est trop bon, et si cela va de même pendant quel-
» ques années, retenez bien ceci : c'en est fait de l'art en
» France ; » cela veut dire que, plus on fait de progrès, plus on produit de bonnes choses, moins on élève l'art. Alors fermons les écoles, les expositions ; brûlons les musées, les bibliothèques, et retombons dans l'ignorance des temps primitifs.

Notre confrère, tout entier à ses souvenirs de jeunesse, voit d'un œil singulier les hommes et les choses de ce temps-ci.

« Autrefois, dit-il, être peintre constituait une aristo-
» cratie. Quand on montrait du doigt, dans un salon, un
» homme à la tête fière, à l'air empreint d'une certaine no-
» blesse, on ajoutait d'un air de déférence : « c'est un pein-
» tre ; » car c'est ma profonde conviction, que l'étude des
» choses nobles, comme les arts, les lettres... ont leur reflet
» sur la physionomie de ceux qui les cultivent. »

Voilà qui est bien dit ; mais, cher confrère, soyez bien persuadé qu'il en est encore de même aujourd'hui, que dans les salons du plus grand monde, chez les princes et aux Tuileries, on tient toujours à honneur de recevoir les artistes, les savants et les écrivains, et qu'on répond encore avec la même déférence, quand quelqu'un désigne du doigt un homme à la tête fière, à l'air emprunt d'une certaine noblesse : « c'est un artiste. » Généralement mieux élevés et plus instruits qu'autrefois, les artistes et les écrivains sont aujourd'hui une aristocratie de l'intelligence et du talent, que l'aristocratie de naissance recherche et admet dans ses salons et même dans son intimité.

« Une Exposition, dit encore notre confrère, était autrefois » un événement; il y avait des systèmes, des partis, des » camps. »

Mais le jour d'ouverture d'une Exposition des Beaux-Arts est toujours, à Paris, *un événement*, puisque cette année plus de 70,000 visiteurs y assistaient, tandis qu'à l'inauguration du Salon de Londres il n'y a eu que 6,000 personnes.

Comme autrefois, il existe encore *des systèmes, des partis, des camps.* Nous avons le camp des réalistes et le camp des romains, les partisans de la peinture Manet, les systèmes de M. Gustave Moreau et de M. Courbet : il y aura toujours des égarés.

« Au lieu d'encourager les arts, continue notre confrère,
« il faut que le gouvernement n'en ait aucun souci et c'est
« ainsi que nous aurons des artistes. »

Il nous semble cependant que nous n'en manquons pas d'artistes, et de plus capables que ceux de n'importe quel pays, même des pays où le gouvernement considère l'art comme une industrie et le traite sur le même pied. Mais, poursuivons notre citation.

« Il faut que l'artiste ait froid, qu'il ait faim, qu'il souffre... »

C'est là une opinion aussi cruelle qu'erronée et que trop de monde partage. La nécessité de travailler pour gagner son pain, force l'artiste à des travaux mercantiles et l'éloigne ainsi des œuvres sérieuses pour lesquels il faut le calme de l'esprit et les moyens d'exécution. C'est pour cela que sous les règnes précédents, des pensions étaient faites à des artistes et à des hommes de lettres qui alors pouvaient entreprendre des travaux de longue haleine, au lieu de s'adonner aux tableaux de genre et aux feuilletons. Ainsi donc au lieu de dire qu'il faut que l'artiste ait faim et froid, nous disons qu'il faut qu'il ait l'amour de son art plutôt que l'amour de l'argent qui entraîne à flatter le goût du public, à faire de la peinture à la mode, qu'il lui faut avant tout une certaine aisance qui lui assure le pain de chaque jour.

« Plus de médailles, plus de croix, plus de commandes,
« poursuit notre confrère, il faut que sa couronne (à l'artis-
« te) soit ce murmure flatteur, cette appréciation austère
« qui se fait à toute heure. . . .

« Il n'y a donc plus, selon moi, qu'à organiser une Société

« qui s'appelerait Société pour le découragement des jeunes
« artistes... »

Ceci nous rappelle ces honnêtes bourgeois qui se plaignent
de l'augmentation de la population et qui vous disent tout
naïvement : « Il faudrait un bon choléra ou une grande
guerre pour nous débarasser de cette nouvelle génération. »
Avec des moyens aussi expéditifs, on arriverait bien vite à
la destruction des arts et de l'espèce humaine.

Enfin notre confrère termine par cette singulière conclusion :
« Cela dit, constatant que le Salon de 1869 est un très-bon
« Salon.(1) » Et il appuie cette déclaration d'une longue liste
des œuvres les plus remarquables de l'Exposition.

La plupart des critiques sont ainsi ; ils commencent par
crier à la décadence, pour blamer l'enseignement et l'administration des Beaux-Arts, puis ils finissent par reconnaître,
comme l'un des critiques du Salon de 1868, « que le Salon;
« si décrié à l'ouverture, a été en réalité, à l'examiner de
« près, d'une grande importance. (2) »

L'esprit de parti, qui avait fait grand bruit du tableau de
M. Chenavard comme étant l'œuvre d'un libre-penseur, a dû
revenir sur les éloges du premier moment. Nous avons con-
templé pendant plus d'une heure cette grande composition
sans parvenir à la comprendre, et elle n'était pas plus intel-
ligible pour ceux qui nous entouraient, puisqu'ils étaient réduit à nous demander ce que le peintre avait voulu représenter. Alors ayant recours à la notice insérée au livret nous
y lisons ceci :

« *Divina Tragedia.* Vers la fin des religions antiques et
à l'avénement dans le ciel de la Trinité chrétienne, la Mort,
aidée de l'ange de la Justice et de l'Esprit, frappent les dieux
qui doivent périr.

« Au centre : le Dieu nouveau expire, les bras en croix,
sur le sein du père dont la tête se voile dans les nuages. Au
dessus, dans le ciel séraphique, les bienheureux se retrou-

---

(1) *Le Monde illustré* du 15 mai 1869, article signé Charles
Yriarte.

(2) *Petit Journal* du 21 juin 1868. Revue du Salon par M
B. de Rangarde,

vent et s'embrassent. Quelques chérubins ailés ont les traits de la Mort, parce que celle-ci est partout.

« En arrière du groupe central apparaissent d'un côté. Adam et Eve, de l'autre la Vierge et l'Enfant, figurant la Chute et la Rédemption. Plus bas, sous l'arc-en-ciel qui sert de siége au Père, d'un côté Satan lutte contre l'ange, de l'autre le vautour dévore Prométhée enchaîné.

» Au bas : la vieille Maïa, l'Indienne, pleure sur les corps de Jupiter-Ammon et d'Isis-Cybèle à la tête de vache et aux nombreuses mamelles, qui sont morts en se donnant la main, et qui furent ses contemporains.

» A gauche : Minerve, accompagné du serpent qui lui fut consacré, s'arme de la tête de Méduse dont le sang a donné naissance à Pégase que monte Hercule, emblème populaire de la force poétique de l'antiquité. Le demi-dieu s'étonne devant la force toute morale du Dieu nouveau. Diane-Hécate lance ses dernières flèches contre le Christ. — En arrière Appollon écorche Marsyas, figurant, à ce qu'il semble, le triomphe de l'intelligence sur la bestialité. — Au fond, dans l'ombre : Odin s'avance appuyé sur une branche de frêne, écoutant les deux corneilles qui lui disent l'une le passé, l'autre l'avenir. Il est suivi du loup Fernis, toujours furieux. Près d'Odin, son fils Henidall souffle dans son cor pour appeler les autres dieux du Nord. — Au-dessus : les Parques sous l'astre changeant, et plus haut l'éternelle Androgyne, symbole de l'harmonie de deux natures ou principes contraires, coiffée du bonnet phrygien, et assise sur sa chimère.

» A droite : Thor armé de son lourd marteau, de son gantelet et du baudrier qui double ses forces, Jormoungardour, lutte qui ne doit finir qu'avec le monde, puisqu'elle symbolise celle du Bien et du Mal. Bacchus et l'Amour forment une triade avec Vénus qu'ils transportent endormie. — En arrière : Mercure emporte Pandore qui s'est évanouie en ouvrant la boîte fatale. — Au-dessus : la Mort, l'Ange et l'Esprit précipitent dans l'abîme Typhon d'Egypte, à la tête de chien, le noir Demiurge, persan au corps de lion, ainsi que les planètes ailées et les astres enflammés.

» Dans l'angle inférieur, à droite, un spectateur placé sur un segment de la terre, en avant de la ville de Rome, indique le lieu de la vision. »

Après cette lecture nous n'étions guère plus avancé, nous nous demandions encore ce que l'artiste avait voulu exprimer. Cet assemblage, dans le même ciel, des divinités païennes et chrétiennes nous froissait, et ramenait, malgré nous, le souvenir de la *guerre des dieux*, le poëme de Parny. Nous comprenons que la composition de M. Chanavard ait scandalisé les catholiques sans satisfaire les libres-penseurs, puisque cet artiste n'est ni sincèrement chrétien, ni franchement matérialiste.

Au point de vue artistique, nous trouvons cette toile bien inférieure aux cartons exécutés pour le Panthéon. Ceux-ci avaient été faits à Paris, tandis que cette toile, qui a été peinte à Rome, se ressent de la boursouflure des maîtres italiens : le dessin de chic a remplacé l'étude d'après nature. Quoiqu'il en soit, il serait injuste de méconnaître la science de compositeur et le talent de dessinateur dont M. Chanavard nous offre une nouvelle preuve.

Parmi les sujets religieux, nous retrouvons l'envoi de Rome de M. Monchablond, les *Funérailles de Moïse*, que nous avons vu, il y a un an, exposé à l'école des Beaux-Arts. Aujourd'hui, comme alors, nous trouvons que cette peinture manque d'ampleur de ligne et de caractère; mais la composition est bien et la couleur ne manque pas d'une certaine harmonie. Les têtes d'anges sont très-jolies.

Le coloris du tableau de M. Carbillet, représentant *Sainte-Catherine*, est plus puissant de couleur. La tête est belle et expressive. Avec ce sujet religieux, cet artiste a exposé l'*Abandonné*, composition pleine de sentiment et d'une couleur qui rappelle l'école de Gros. — M. Thirion aussi se montre coloriste dans son tableau de *Saint-Séverin distribuant des aumônes*, et surtout dans son *Portrait de Mme C. B.*, d'un dessin très-vrai. — *La mort de Saint-Joseph*, par M. Petit de Meurville, est d'un sentiment simple, sincèrement religieux, sans viser à l'effet dramatique. Le profil de la Vierge est d'un joli caractère, d'un dessin correct, mais nous voudrions un modelé généralement plus accusé et aussi plus de chaleur dans le coloris, qui nous semble un peu froid. C'est sur ces deux points que nous attirons l'attention de ce jeune artiste dont nous rencontrons le nom pour la première fois à nos expositions.

La mythologie a aussi inspiré quelques artistes. Nous trouvons dans le salon carré une grande toile de M. Priou, d'une excellente couleur et largement touchée, représentant *Hercule tirant Pan par l'oreille et l'amenant devant Jupiter.* L'expression et le mouvement de Pan sont biens rendus. — A l'entrée de ce salon est placé le charmant plafond de M. Tony Faivre, les *Premières heures du jour*, gracieuse composition, d'un coloris frais et coquet. — *La Chasse*, par M. Paul Tillier, est aussi une composition gracieuse, mais d'une couleur chaude. Les nus sont d'un joli dessin et bien modelés ; les accessoires sont groupés avec goût et franchement traités. Avec ce panneau décoratif, M. Tillier expose un beau portrait, celui de sa jeune femme, bien peint et bien vivant. — Un peintre d'esprit et de talent, M. de Rudder, expose une allégorie qui a pour titre : *Poésie et Matérialisme.* C'est une satire à l'adresse des réalistes. La Muse, outragée, abandonne ce monde ; elle s'élance vers le ciel, tandis que des pourceaux foulent aux pieds les perles qu'elle laisse échapper, les œuvres de nos grands poètes et de nos grands artistes. Si les réalistes en ont grogné, ils l'ont fait si bas, si bas, que personne ne les a entendus. M. Rudder n'est pas seulement peintre d'histoire, il est aussi paysagiste distingué, ainsi que le prouve sa petite toile : *Dans les Bois de Couvron* (Aisne), sous-bois qu'un rayon de soleil vient animer, et qui se distingue par la richesse des tons et la délicatesse des détails.

Le paysage de M. de Rudder nous ramène tout naturellement vers ce genre de peinture que nos artistes ont élevé à une supériorité qu'aucune école ne songe à nous contester.

Nous avons déjà, dans notre précédent chapitre, rendu justice aux beaux paysages de MM. César Decok, Bernier, Cibot et Hanoteau ; nous allons encore suivre ces amants de la nature dans leurs promenade à travers les plus belles, les plus pittoresques contrées du monde.

M. Nazon, le peintre qui réussit le mieux les effets de soleil couchant, en a un cette année qui est vraiment splendide. Cet *Intérieur de Forêt*, que les rayons du soleil semblent embraser, nous rappelle pareil effet d'un tableau de Théodore Rousseau, mais avec une bien plus grande puissance de coloris et moins de sécheresse dans l'exécution. Il nous paraît difficile d'être plus vigoureux et plus vrai.

Un autre jeune maître, M. Anastasi, n'a pas craint, et nous l'en félicitons, de peindre un champs de bluets et de coquelicots sur le premier plan de son tableau intitulé : *Mai* (une expédition du *Rowing-Club* prend possession de l'île de **.) Les gens à système le blâmeront de cette naïveté; nous qui aimons la nature sous tous ses aspects, dans toutes ses splendeurs, nous le louerons de cette hardiesse de coloriste, d'avoir été vrai sans être criard, sans cesser d'être harmonieux Ces coquelicots ont leur valeur, mais sans distraire l'attention des autres parties du tableau : au contraire, cette coquetterie de tons ajoute de la gaieté à celle de cette folle et heureuse jeunesse qui prend ses ébats dans un paysage enchanteur.

Autant les interprétations vraies de la nature nous plaisent, autant les natures de convention nous révoltent. Ainsi, malgré la grande réputation faite à M. Corot, jamais nous n'avons pu nous faire à cette nature falsifiée, à ces paysages sans air, sans soleil et sans verdure, et nous avons été le premier à oser le dire. Aujourd'hui que cette peinture n'est plus tant à la mode, quelques critiques disent leur opinion sur elle. Voici celle de notre confrère M. Olivier Merson :
« M. Corot ne chante pas cette fois sa romance ordinaire
« avec autant d'agrément que d'habitude. A part quelques
« fanatiques de cette manière, qui se vaporise en formes in-
« certaines, qui se dissout en tons indéterminés, avec la-
« quelle les corps sont peu de chose et les détails rien, per-
« sonne ne prête l'oreille. Et quand je dis « sa romance or-
« dinaire, » ce n'est certes pas sans motif, car voilà tantôt
« trente ans que l'artiste rabâche le même refrain, et tou-
« jours sur le même air. Cependant, soyons justes; dans le
« *Souvenir de Ville-d'Avray*, exposé aujourd'hui, il a mis
« aux arbres des feuilles à peu près vertes, au lieu de gri-
« sâtres qu'il les faisait d'habitude. C'est une grande pro-
« bité de sa part... »

La peinture de M. Daubigny est aussi un peu démodée. Cependant ses paysages sont plus vrais de tons que ceux de M. Corot. Nous n'avons jamais reproché à ce peintre que de se borner à faire des ébauches, de se contenter de l'à-peu-près. Ce défaut devient de plus en plus choquant. Les paysages qu'il expose cette année sont lourds ; ils manquent d'air et de transparence, surtout le *Verger*, d'un ton noir et dur.

Un des nombreux artistes dont nous avons encouragé les débuts et soutenu la marche dans une carrière semée de tant d'obstacles et de défaillances, M. Emile Breton, expose deux peintures d'un caractère différent : un *Soleil couchant*, et une *Entrée de Village*, effet de neige, la nuit. Ces deux tableaux ont la sincérité d'études faites d'après nature. Enfant du nord, nous reconnaissons ce crépuscule particulier à l'Artois et à la Flandre, cette ferme à laquelle le berger ramène son troupeau, et, tout près de là, la mare où les derniers rayons du soleil se reflètent à travers les branches des arbres qui l'entourent. Cet effet de lumière a été très-heureusement rendu. L'autre tableau, l'effet de neige, n'est pas moins vrai, quoi qu'en disent ceux qui n'ont point vécu dans nos campagnes du Nord, où les rendez-vous amoureux, pendant l'hiver, se donnent dans la neige et avec autant de bonheur que sous les orangers de la Provence.

M. Cartellier, le neveu du célèbre statuaire de ce nom, qui, d'habitude, expose de grandes pages d'histoire, n'a cette fois qu'un petit paysage, sans doute parce qu'il n'a pu terminer à temps quelque œuvre importante. Ce n'est pas du reste le premier paysage qu'il envoie à nos Salons ; nous nous rappelons en avoir déjà remarqués. La *Vue d'Agneux* (Saône-et-Loire), de M. Cartellier, est largement traitée, à la manière des peintres d'histoire ; tout y est vrai de ton et sincèrement rendu : c'est un portrait de la nature.

M. Frédéric Legrip est aussi un peintre d'histoire qui réussit bien le paysage ; il nous en donne une preuve dans une vue du *Petit Trianon*, qu'il expose en même temps qu'un joli portrait de jeune fille, celui de *Mlle Marguerite Legrip*, dans un charmant costume suisse. Il est impossible de visiter Trianon sans penser à cette malheureuse reine Marie-Antoinette ; aussi M. Legrip a-t-il songé à animer sa vue de Trianon en y groupant la reine, son jeune fils et quelques dames de compagnie. La fraîcheur du coloris, la délicatesse des détails, et surtout la transparence de l'eau, sont les qualités qui distinguent cette petite toile.

M. Jules Thépaut aime les grands et sévères aspects de la

nature, c'est un des fidèles amoureux de la forêt de Fontainebleau, dont il nous montre chaque année un des coins si pittoresques et si recherchés par les artistes et les touristes. Voici la *Roche aux Vipères*, où l'on vient s'étendre et se reposer malgré et peut-être à cause de ce que ce nom a d'effrayant, car nous aimons assez à courir quelque danger, même pour nous amuser. Dans son second tableau, M. Thépaut a peint un *Sentier conduisant aux gorges d'Apremont*, l'une des plus belles vues de la forêt. Ces études, faites d'après nature, sont sincèrement rendues, franchement touchées, et accusent des progrès. Que cet artiste continue à vouloir être vrai, à étudier, toujours étudier la nature, sans se préoccuper de la manière ou des systèmes de ses confrères, et il arrivera à une belle réputation.

Son confrère, M. Desavary, aime la simplicité de la plaine ; quelques *Saules au bord de l'eau* ont suffi pour l'inspirer à produire une jolie petite toile, d'un ton fin, d'une exécution consciencieuse. C'est une qualité que nous voudrions rencontrer dans bon nombre de paysages où le vague et l'à-peu-près dominent, où les arbres ressemblent à des plumets, à des tourbillons de fumée.

VII

PROMENADE A TRAVERS L'EXPOSITION.

Lettre de M. Robinet. — Peintures de MM. Hébert, Sellier, Jules Lefebvre, Henner, Bastien, Glaize père, G. Boulanger, Bertrand, Dubouloz, Biard, Beaucé, Beaume, Jacquand, Carolus Duran, Cot, Regnault, Giacomotti, Chaplin, Pérignon, Quesnet, Piot, Chazal, Winterhalter.

Les jugements du jury des récompenses de l'Exposition des Beaux-Arts ont encore cette année soulevé des récriminations, et quelques journaux ont été jusqu'à demander tout simplement la suppression des récompenses. — Rien que ça !

Nous recevons sur ce sujet la lettre suivante d'un ancien camarade d'atelier :

« Mon cher Auvray,

» Tu avais bien raison lorsque, dans tes articles sur la réorganisation du jury des expositions, tu prédisais que le jury du Salon de 1869 serait encore composé des mêmes hommes et que par conséquent les récompenses resteraient dans le cercle habituel. Beaucoup de nos camarades protestent et réclament des réformes. Les uns voudraient qu'on s'en rapporta au jugement de l'Administration, parce que, à leur avis, un artiste ne peut être juge et partie; les autres demanderaient la suppression radicale des récompenses. Mais personne n'a étudié plus que toi ces questions. Continue donc, cher maître et ancien camarade, à porter les jugements impartiaux, à présenter tes sages réclamations, et l'on finira par t'écouter. Car, tu sais comme moi, combien M. le comte de Nieuwerkerke se préoccupe du bien-être et de l'avenir des artistes.

» Je pense que dans un temps plus ou moins rapproché, M. le surintendant reconnaîtra la nécessité d'adopter le mode de jury que tu as proposé et qui peut seul mettre un terme à la funeste influence de la camaraderie.

» Tu as traité aussi l'importante question d'exempter du jury les œuvres des artistes admis cinq fois au Salon. C'est là une bonne et juste réforme à introduire au réglement des Expositions; elle est dans la pensée de tous. Il faut que l'artiste qui a subi avantageusement cinq examens du jury d'admission au Salon et qui compte de nombreux travaux, soit affranchi d'une mesure excellente à l'égard des débutants, mais vexatoire, humiliante et imméritée pour l'artiste sérieux. M. le surintendant, qui voit juste, comprendra cette pensée dont tu es l'interprète depuis longues années.

» Le temps me manque pour développer mes idées sur ce sujet, mais, mon cher Auvray, persiste dans cette voie : la vérité est tout entière dans le programme si élevé que nous devons à ton initiative.

» Ton vieux camarade et ami,
» P. ROBINET, *statuaire*. »

Notre camarade Robinet a raison d'avoir confiance dans la sollicitude du surintendant. Il n'y a que quelques années que nous avons l'honneur d'être connu personnellement de M. le comte de Nieuwerkerke, et il y a vingt ans que nous étudions, que nous enregistrons les actes de son administration, comme nous l'avons fait pour ses prédécesseurs ; or, quand nous comparons son administration à celles de ses devanciers nous trouvons qu'aucun n'a fait autant pour nos Musées, pour nos expositions, pour les études et le bien-être des artistes. Dès qu'une réforme lui a paru juste et utile, il l'a toujours acceptée, et nous sommes persuadé qu'aussitôt qu'il sera convaincu de la légitimité des deux réformes que nous demandons, elles seront introduites au réglement.

Quant à supprimer les récompenses, nous n'appuierons jamais une pareille proposition. Si, chez quelques hommes, l'amour de leur art est suffisant pour stimuler leur ardeur, c'est là une exception. Les hommes en général ont besoin qu'on les menace des peines de l'Enfer pour les empêcher de faire le mal et qu'on leur promette les joies du Paradis pour les exciter au bien. L'amour-propre de l'artiste demande également à être surexcité par l'appas d'une récompense; elle est du reste une recommandation vis-a-vis du public.

Rapportons-nous en donc à la sagesse et à la sollicitude du surintendant pour les artistes et revenons à l'Exposition.

Plus on parcours les salles de l'Exposition de peinture, plus on est frappé de la supériorité du Salon de 1869. Ainsi M. Hébert, aujourd'hui directeur de l'Ecole de France à Rome, nous envoye deux excellents tableaux où l'on retrouve ce sentiment mélancolique qu'il aime à donner à ses sujets. *La Pastorella* et *La Lavandara*, rappellent un peu l'expression maladive du tableau de la *Mal-Aria*, l'œuvre qui a élevé si haut la réputation de cet artiste. Mais le dessin est plus arrêté, plus ferme, la couleur plus solide sans avoir perdue de son harmonie et de sa poésie. On voit que M. Hébert est en Italie dans le véritable élément qui convient à son talent.

La peinture de M. Sellier est un peu dans la manière de faire de M. Hébert. Comme lui il cherche les effets qui poussent à la rêverie; il obtient souvent aussi la même harmonie de coloris, même dans ses portraits. Son *Souvenir Italien* et son *Portrait de M. E. B.*, sont une preuve de ce que nous avançons, et les qualités de ces deux toiles nous font regretter que, depuis son retour de Rome, cet artiste n'ait pas produit quelque grande composition dramatique, comme son *Lévite d'Ephraïm*, resté jusqu'à présent son œuvre capitale,

Comme M. Jules Lefebvre au dernier Salon, M. Henner a voulu aussi avoir, cette année, sa *Femme couchée*; mais quelle idée singulière il a eu de placer ce corps blanc mat sur un drap noir; cette bizarerie de mauvais goût a attiré à cet artiste des critiques dans le genre de celle-ci :

« La Femme couchée, de M. Henner, s'est trouvée mal, — l'émotion d'être si peu vêtue peut-être? — sur un drap noir des pompes funèbres. A part cette situation, désagréable, cette dame n'est pas mal. Elle est bien membrée, elle a de jolies mains, maie elle est légère — de peinture, seulement. On dirait une aquarelle sur ivoire. »

Il n'y a guère que les artistes et les critiques sérieux qui, tout en ne retrouvant dans ce tableau ni la vie, ni la vérité du modelé, ni la puissance, ni l'harmonie de la couleur de la peinture de M. J. Lefebvre, ont tenu compte à M. Henner de la correction du dessin et de la finesse du modelé de sa Femme couchée.

La *Baigneuse*, de M. Ernest Bastien, est encore une bonne figure d'étude qui se distingue par un dessin nature, un modelé consciencieux et une couleur vraie.

L'un des deux tableaux de M. Glaize père nous montre *Une facétie de Caligula*. Cet aimable homme éclate de rire au milieu d'une audience qu'il donne à deux consuls et leur dit : « Je songe que d'un mot je puis faire tomber vos têtes. » Cette petite scène est composée avec esprit et rendue avec le talent bien connu de l'auteur du *Pilori*.

La promenade sur la voie des tombeaux, à Pompéi, est un charmant tableau de M. Gustave Boulanger qui nous donne une idée des mœurs galantes de l'antiquité. Deux élégantes — nous allions dire de la rue Bréda — suivies d'une esclave qui tient au-dessus de leur tête une vaste ombrelle, suivent d'un pas nonchalant le trottoir de cette voie sacrée, tandis qu'un riche gandin de l'époque se penche de la balustrade de sa terrasse pour les lorgner. Hélas! les puritains ont beau dire, le monde tourne toujours dans le même cercle et l'espèce humaine n'a pas changé : même gaîté, même folie, même tendresse, même frivolité, même coquetterie de la jeunesse; même rigidité, même récrimination, même hypocrisie, même impuissance de la vieillesse chez les peuples des temps les plus reculés comme chez ceux des temps modernes.

M. James Bertrand s'est montré peintre et dessinateur dans son tableau représentant la *Mort de virginie*. C'est un des succès de l'Exposition. Les flots viennent de déposer sur le sable du rivage le corps de cette jeune vierge. A la beauté de ses traits, à l'élégance de sa taille, on comprend l'amour qu'elle inspirait et que Paul lui exprimait avec ce sentiment si vrai :
« Quand du haut de la montagne, je t'aperçois au fond de
« ce vallon, tu m'apparais au milieu de nos vergers, comme
« un bouton de rose. Quoique je te perdre de vue à travers
« les arbres, je n'ai pas besoin de te voir pour te retrouver;
« quelque chose de toi que je ne puis dire reste pour moi
« dans l'air où tu passes, sur l'herbes où tu t'assieds... Dis-
« moi par quel charme tu as pu m'enchanter. Est-ce par ton
« esprit ? mais nos mères en ont plus que nous deux. Est-ce
« par tes caresses ? mais elles m'embrassent plus souvent
« que toi. Je crois que c'est par ta bonté... »

La danse macabre et la *ronde d'enfants* sont deux compositions d'une nature bien différente auxquelles le talent souple de M. Dubouloz a su donner le caractère qu'il convenait à chacune d'elles. Autant la danse macabre est d'un ton sévère, autant la ronde d'enfants est d'un coloris frais et d'un aspect gracieux.

Au risque de déplaire aux irréconciliables, nous allons nous arrêter à quelques tableaux retraçant les faits héroïques des armées de la France. M. Biard a retrouvé toute l'énergie de son pinceau pour rendre avec un réalisme un peu trop marqué, la *Mort du chef de division Dupetit Thouars*, capitaine du vaisseau le *Tonnant*, à la bataille navale d'Aboukir. Ce tableau est une des meilleurs compositions historiques de cet artiste; elle donne bien l'idée vraie de cette lutte acharnée où le patriotisme domine et brave la mort.

Encore deux traits d'héroïsme traduits sur la toile par M. Beaucé. Le premier est la *Bataille de San-Laurenzo* (Mexique). « Le 8 mai 1863, le général Bazaine fit battre la charge et les troupes s'élancèrent vers le village sous un feu violent de mousqueterie. Le 51ᵉ l'aborda par la droite, les tirailleurs par le centre et par la gauche. La défense fut opiniâtre, mais nos troupes triompher de tous les obstacles. » Malgré les qualités de cette peinture, nous lui préférons le second tableau, le *Combat de Camarone* (Mexique), il nous parait plus dramatique et plus chaleureusement peint. « Le 30 avril 1863, après un combat de dix heures, soutenu contre une colonne mexicaine composée de 500 chevaux réguliers, de 350 guerilleros et de trois bataillons d'infanterie, le sous-lieutenant Maudit, le caporal Maine et les soldats Gatteau, Wenzel, Constantin et Léonard, seuls restant d'un détachement de 65 hommes de la 3ᵉ compagnie du 1ᵉʳ bataillon du régiment étranger, firent une dernière charge à la baïonnette et furent exterminés jusqu'au dernier. »

Terminons par les tableaux de MM. Beaume et Jacquand. Le premier est intitulé : « *Là est Toulon!* » Dès son arrivée au camp, Napoléon avait compris que pour prendre Toulon, il fallait l'attaquer à l'issue de la rade, et M. Beaume nous montre le jeune officier indiquant ce point. — Le sujet choisi par M. Claudius Jacquand est un trait d'humanité : il a peint Bonaparte, général de Brigade, à Nice, installé aux pieds du lit du nègre qui le servait, et qui était tombé grièvement malade; il ne l'a quitté qu'après sa mort. Nous préférons cette toile à celle de M. Beaume; elle est d'un coloris plus chaud et plus largement modelée.

Un de nos confrères de la presse ne craint pas d'affirmer, dans son compte rendu de l'exposition, que « le Portrait n'est pas le côté saillant de notre école moderne ». Telle n'est pas l'opinion d'un autre critique, qui rappelle avec raison que « autant le Portrait est insignifiant en Belgique, prétentieux en Angleterre, raide et guindé en Allemagne, autant le Portrait, en France, est ingénieux dans les détails et habile dans la facture ». C'est aussi notre avis, et nous l'avons exprimé, il y a quelques années, dans une étude comparée des différentes écoles.

Y a-t-il beaucoup de portraits aussi vigoureusement peints, aussi fièrement campé que le Portrait de Mme ***, exposé par M. Carolus Duran ? Ce jeune peintre semble s'être inspiré des chefs-d'œuvre de Velasquez. — N'est-ce pas aussi une bonne et solide peinture que cet autre Portrait en pied de Mme C., par M. Cot, encore un jeune artiste? — Quelle fougue, quelle richesse de coloris, qu'elle énergie dans ce portrait équestre de M. Regnault, *Juan Prim le 8 octobre*

1868 ! Il y a du Gros et du Géricault dans la peinture de ce jeune homme. Voilà les hommes de la nouvelle génération qu'on dit en décadence.

Non-seulement le Salon est riche en beaux portraits, mais on est frappé du peu de rapport qu'il existe entre la manière de faire de chaque maître. M. Giacomotti et M. Chaplin ont un coloris séduisant, et cependant leurs œuvres ont un caractère différent. Le *Portrait de Mme C.*, par M. Chaplin, a la fraîcheur, l'éclat chatoyant de la couleur de cet artiste, mais avec un modelé moins flou que d'habitude. — Le *Portrait de Mme la vicomtesse douairière de J. S.* et le *Portrait de Mme la marquise de V.*, par M. Giacomotti, sont d'un coloris plus vrai, mais tout aussi séduisant par la richesse et l'harmonie des tons, par la grâce et le naturel de la pose, par le goût de l'agencement et la finesse d'exécution des détails. —Parmi les portraitistes, M. Pérignon est aussi un charmeur. Le portrait en pied qu'il intitule: *Femme arrangeant des fleurs*, est une gracieuse composition. Une jeune femme debout, et vue de dos, s'occupent à remplir de fleurs les vases qui ornent la tablette de la cheminée, dont la glace indiscrète, en reflétant les traits de cette dame, nous révèle sa beauté. — Nous ne pouvons passer sous silence le *Portrait de Mme la comtesse M.* par M. Quesnet, — le *Portrait de Mme la comtesse des N.*, et, surtout, le portrait de Mme F., par M. Adolphe Piot, — le *Portrait de M. Gaillard de Kerbertin*, ancien pair de France, ancien premier président de la cour royale de Rennes, par M. Chazal, et enfin le *Portrait de femme* et le *Portrait d'homme*, par l'un de nos plus célèbres portraitistes, M. Winterhalter.

VIII

PROMENADE A TRAVERS L'EXPOSITION.

Les égarés : MM. J. Tissot, Ribot, Millet, Gustave Moreau, Courbet, Manet.

Sous ce titre : *Les Egarés*, nous désignons chaque année les artistes qui, par système ou pour se créer une originalité, affectent de ne pas voir la nature telle qu'elle est et de dédaigner les règles fondamentales de l'art. Depuis plusieurs années nous leur signalons leurs erreurs, nous les supplions de revenir à la vérité, aux bons principes, aux belles traditions des grands maîtres; nos critiques et nos conseils n'ont pas été écoutés. Les flatteries de quelques amis auront prévalu. Peut-être ont-ils pensé que nous étions seul à juger ainsi et que c'était de notre part une antipathie personnelle. Dans ce cas, nous croyons leur rendre service en mettant sous leurs yeux l'opinion de quelques confrères de la critique.

Les deux tableaux de M. James Tissot sont pleins de détails charmants; les têtes sont jolies, bien dessinées, et les mouvements justes; ses compositions ne manquent ni d'esprit ni de sentiment, mais l'absence de perspective aérienne, de lumière, de relief et de plans jette une monotonie glaciale sur cette peinture. C'est cette absence de perspective et de relief qui vaut à M. Tissot la critique suivante :

« M. James Tissot, lui, est au-dessus ou au-dessous des
» défaillances. Il a appris, — de M. Leys, sans doute, — à
» jouer assez agréablement un petit air connu. Et il met à le
» jouer, depuis quelques années, une conviction à toute
» épreuve. Cette fois, il vient nous seriner deux thèmes fami-
» liers : *Une Veuve* et des *Jeunes Femmes regardant des*
» *objets japonais*, ou des objets japonais regardant des
» jeunes femmes, c'est tout un : matière de chinoiserie! (1)»

Si M. Ribot s'est un peu amandé cette année dans les deux tableaux qu'il expose (*Les Philosophes* et *Les Marionnettes au Village*), s'il s'est décidé à faire moins noir et à choisir des types moins laids, il n'en est pas de même de M. François Millet ; il persiste à enlaidir la nature. A propos de son tableau, *la Leçon de Tricot*, un critique, M. Tony Révillon, s'écrie : « M. François Millet en est arrivé à faire des bonnes femmes en acajou » ; et le critique du *Globe*, M. Frédéric Borgella, trouve que « ses deux femmes sont gonflées et non
» modelées. Elles sont laides, sans physionomie. Elles ne
» disent rien et ne veulent rien dire. Leur nullité accuse seu-
» lement une défaillance dans le talent de l'auteur ».

Quant à M. Gustave Moreau, il tient plus que jamais à son dessin et à sa couleur de convention. Nous avons été des premiers à dire en conscience ce que nous pensions de la peinture de M. Moreau ; voici maintenant l'opinion de nos confrères de la presse :

« M. Gustave Moreau devient plus hiératiques que jamais; évidemment il a surpris le secret du Sphynx, et l'on dirait qu'il cherche l'Apocalypse de la mythologie; son sanctuaire est à Pathmos; il corrige la fable, il refait la légende, il apprend à la nature l'art des couleurs; son *Prométhée*, qui a déjà plusieurs vautours tués sous lui, offre l'expression ineffable d'un dieu qui sent qu'il sera à la mode dans les temps les plus reculés : il y a du Platon et du penseur moderne dans cette physionomie de patricien inaccessible à la

---

(1) *Le Globe* du 4 juin. M. F. Borgella, du *Grand Dictionnaire universel*.

souffrance vulgaire, et sûr de son apothéose. Il semble qu'on regarde à travers des verres de couleur ce singulier martyre, tant l'œil est dérouté par ces tons insolites ; c'est une explication tirée par des cheveux verts.

» L'*Enlèvement d'Europe*, de M. Gustave Moreau, dérange plus visiblement la poétique traditionnelle ; la fille d'Agénor est assise sur le dos d'un noble animal qui a une tête assyrienne avec une barbe et une chevelure artistement peignées ; n'est-ce pas un sacrilège de faire de Jupiter un monstre moitié bête et moitié homme, et de l'assimiler aux centaures ? Nous connaissons beaucoup de représentations symboliques de cette légende fameuse, mais aucune pierre gravée, aucun dessin n'autorisant, selon nous, une telle infraction du type consacré. Que le maître des cieux, exercé aux métamorphoses, ait pris la forme d'un blanc taureau pour tromper l'innocente princesse, quitte à reprendre sa figure une fois le rapt consommé, cela se comprend ; mais de quel droit hâter le dénouement ? On ne dit pas à un Dieu déguisé : A bas le masque ! Qui assure qu'Europe ne se jetterait pas à la mer plutôt que d'appartenir à cette créature hybride ? Ajoutons que M. Gustave Moreau a relevé cette hérésie par beaucoup de luxe et raffinement ; je ne regarde pas cette peinture, plus asiatique qu'occidentale, sans songer à ces statues polychromes qui avaient des yeux en émail, des boucles d'oreilles en or massif, et des bagues à tous les doigts. La patrie du talent de M. Gustave Moreau, ce n'est ni Rome, ni Athènes : c'est Bizance (1). »

« Les réflexions sur la fragilité de l'intelligence humaine, dit M. Borgella, loin de s'évanouir, s'accuse plus vivement encore devant le tableau de M. Moreau, *Jupiter et Europe*...

» Les figures se tiennent juste assez pour satisfaire l'œil dans un bas-relief. Mais le tableau a d'autres exigences. Et l'esprit, trompé par l'œil, y doit faire le tour des formes qui s'y montrent. Or, cette opération sépare les deux figures dont la juxta-position n'est pas expliquée du tout. Quant à la couleur, à l'effet, ils donnent l'idée assez exacte d'un dessin pénible vingt fois recommencé sur un papier sale, avec de la sépia, de la mine de plomb et un peu d'aquarelle. C'est

---

(1) *Journal Officiel* du **13** juillet.

la peinture d'un esprit fatigué ou déçu, qui n'a plus ni foi ni croyance (1). »

« Les deux tableaux-rébus de M. Gustave Moreau provoquent un peu les mêmes réflexions que la grande machine dont nous venons de parler. Lui aussi, il cherche une interprétation tellement neuve de son sujet qu'il met le spectateur dans le plus sérieux embarras; c'est beaucoup moins obscur, Dieu merci, que M. Chenavard, mais la recherche s'y montre encore excessive, et la déesse ne sort point tout armée du cerveau de l'artiste. Ici *Prométhée* et là *Jupiter et Europe* font ressortir tous les défauts antérieurs de M. Moreau, rigidité, absence de sentiment, manque d'air et de lumière, avec un affaiblissement trop certain de ses belles qualités de style et de dessin. Déjà le public passe indifférent devant ces bizarres conceptions, moitié peinture, moitié statuaire » (2).

M. Courbet a décidément un goût prononcé pour la laideur, et nous doutons que les critiques de nos confrères aient plus d'empire que les nôtres :

« Il y a toujours eu deux hommes chez M. Courbet, dit le *Journal officiel* : le visionnaire de la laideur qui a inventé une optique ravalante lorsqu'il a affaire au type humain, et l'artiste supérieur qui retrouve le sens du respect et de la beauté délicate, dès qu'il s'agit de la nature. Donnez à traiter à M. Courbet des personnages qui aient le malheur d'être ses semblables, il contrariera à plaisir l'œuvre du Créateur. Une baigneuse, pour lui, ne sera plus Suzanne ou Sarah, mais une grosse femme avec des chairs sales et des varices ; si bien que l'on ne peut s'empêcher de dire : puisque la Vérité sort du puits, c'est bien le moins qu'elle soit lavée. Antinoüs deviendrait pour ce pessimiste qui ne comprend que la troisième classe, un gaillard taillé à la serpe. Que de physiques de paysans pourraient intenter à M. Courbet un procès en calomnie! Chose étrange! tant d'égards pour les chevreuils, et si peu pour les femmes! Pourquoi M. Courbet ne verrait-il pas l'être humain comme nous, puisque nous voyons comme lui le reste du règne animal ! »

---

(1) Le *Globe* du 28 mai.
(2) Le *Moniteur des Arts* du 11 mai.

« Un peintre qui ne paraît pas vouloir s'amender beaucoup, dit à son tour le *Moniteur des Arts*, c'est M. Courbet. Certes, nous sommes loin de méconnaître les aptitudes de ce chef d'école imaginaire, mais, ou nous nous trompons fort, ou M. Courbet a donné déjà toute sa mesure, et ne fera rien de supérieur, ou même d'égal, à ses bonnes choses. Des deux tableaux qu'il expose, l'un, celui du salon carré, l'*Hallali dans la neige*, renferme des parties excellentes, par exemple, des chiens enlevés d'une brosse saine et vigoureuse. L'ensemble fait complétement défaut, comme il arrive souvent, du reste, chez l'artiste qui n'a presque jamais songé ni à la composition, ni à l'harmonie générale de son œuvre. Il ne suffit pas de se préoccuper du *morceau*. Cette préoccupation existe-t-elle même, à un degré quelconque, dans le second tableau de M. Courbet? Le premier est, à tous égards, un Courbet du bon coin en comparaison de la *Siette pendant la saison des foins*, peinture d'un dessin douteux, d'une couleur fausse, bien faite pour désespérer les admirateurs les plus effrénés de ce talent intermittent ».

Il y a encore les tableaux d'un égaré, à l'égard desquels la presse a agi sagement; elle a imité le public en ne s'y arrêtant pas. C'est la meilleure critique faite de la peinture de M. Manet. Que d'égarés on aurait ramenés par ce moyen. Si la presse, s'apercevant qu'on ne tenait pas compte de ses avis, avait cessé de s'occuper des œuvres de M. Gustave Moreau, de M. Courbet et de M. François Millet, soyez bien convaincu que, ennemis du silence et de l'oubli, ils seraient revenus à la vérité et aux saines traditions.

IX

PROMENADE A TRAVERS L'EXPOSITION.

Peintures de MM. Brion, Jundt, Mme Henriette Browne, MM. Toulmouche, Vibert, Zamacoïs, Fromentin, Luminais, Beyle, Chenu, Olivier, Vautier, Worms, Heullant, Hippolyte Lazerges, Lazerges fils.

Il y a quelques jours, un de nos confrères de la presse, désireux sans doute d'en finir avec sa revue du Salon, commençait son article en se bornant à citer une série de tableaux d'artistes en renom, tels que ceux de MM. Fichel, Le Poittevin, Viger, Compte-Calix, etc , et en ajoutant à la suite de chaque nomination : « passons !... passons, passons encore! (1) » Nous reconnaissons que c'est là un moyen expéditif, mais nous croyons que dans l'intérêt du lecteur, auquel il n'apprend rien, ainsi que dans celui des artistes distingués qu'il traite avec tant de dédain, notre confrère eût mieux fait de cesser son compte rendu le jour de la ferme-

---

(1) *Le Monde illustré* du 14 août 1869, revue du Salon par M. Ollivier Merson.

ture de l'Exposition. Du moment où l'on reconnait l'impossibilité de rendre sérieusement compte du Salon pendant sa durée, il faut accepter la situation telle qu'elle est, faire une revue conciencieuse et aussi complète que possible, qui serve de documents à ceux qui, dans l'avenir, écriront sur notre époque si calomniée par l'esprit de parti.

Nous acheverons donc notre étude sur l'Exposition et ses critiques avec le même soin et la même conscience que nous avons apporté en la commençant.

Si M. Marchal a renoncé à peindre les mœurs alsaciennes, il n'en est pas ainsi de M. Brion qui excelle à rendre les types des contrées où il est né. Son tableau de cette année représente *Un mariage protestant en Alsace*, et l'artiste à su donner à cette scène la gravité et la raideur des protestants et surtout des protestants allemand; il a su également avoir un coloris harmonieux malgré les tons durs et criards des costumes et de l'ameublement. Il faut une grande puissance de couleur et une extrême habileté pour arriver à ce résultat.

M. Jundt est le poète des peintres de l'Alsace, comme M. Brion en est le peintre grave et sévère. Ses pastorales toujours gracieuses, sont enveloppés d'une brume tamisée par les mille reflets des rayons du jour qui donne à la scène un charme mystérieux et poétique. De ses deux tableaux: *Iles du Rhin* et *La nourice au bois*, nous préférons le premier Deux jeune filles des bords du Rhin se sont aventurées dans les oseraies, lorsqu'un froissement de branches et de feuilles se fait entendre; inquiètes, elles écartent les roseaux et aperçoivent à distances deux têtes de biches que leur bruit, à elles, a également effrayées. M. Jundt est en progrès; son dessin est plus arrêté, son modelé est plus accusé.

Il y a aussi progrès dans les compositions exposées par Mme Henriette Browne : *Un Tribunal à Damas* et *Danseuses en Nubie*. La première est une toute petite toile qui a l'aspect d'une grande peinture par l'ampleur de ses lignes et de sa mise en scène. Les petites figures y sont peintes d'une manière supérieure. La seconde n'est pas moins remarquable par sa sincérité d'exécution, par la vérité locale et la grâce de ses danseuses, chastement enveloppées dans leur *Malayah*.

Comme finesse d'esprit et d'observation les sujets traités par M. Toulemouche sont ravissants : pas un artiste ne connait comme lui la jeune fille qui vient de quitter le pensionnat, toujours pressée de connaître et de commencer le roman de la vie : *la Lettre d'amour*, sujet du tableau de M. Toulmouche, en est le premier châpitre, le premier enivrement du cœur et souvent le plus cruel chagrin. Le pinceau de cet artiste ne vieillit pas, il a toujours le même charme de couleur, la même élégance de dessin, la même délicatesse de sentiment et un extrême fini dans l'exécution.

Depuis quelque temps, les fous des cours anciennes étaient en vogue chez nos peintres; les succès des compositions de MM. Roybet, Zamacoïs, avaient mis ces magots à la mode. Aujourd'hui, ce sont les moines et les capucins qui inspirent la verve de nos jeunes artistes. Nous ne nous arrêterons qu'à deux ou trois de ces peintures.

Le tableau de M. Vibert, *le Retour de la Dîme*, nous montre deux moines descendant une de ces rues étroites et salles comme on en voit dans les villes de l'Italie; l'un est à pied et dirige la marche d'un âne qui porte les denrées, les volailles et un gros moine qui regarde du coin de l'œil une jeune fille qui s'efface autant qu'elle peut contre un mur pour laisser le passage libre à ces deux gaillards, dont le plus jeune se permet de lui caresser le menton. Cette scène est bien rendue et largement peinte.

C'est encore de la dîme que M. Zamacoïs a tiré le sujet de l'un de ces deux tableaux : *la Rentrée au Couvent*. Tous les moines avec leurs ânes, chargés de toutes sortes de choses, arrivent à la porte du couvent et se tiennent les côtes de rire en voyant un pauvre moine qui lutte d'entêtement avec son âne, lequel refuse d'avancer; furieux, il le tire avec rage par la bride, et plus il le tire, plus maître Aliboron se raidit et refuse de faire un pas. Le second tableau, *le bon Pasteur*, n'est pas moins piquant. Dans deux confessionnaux, se tiennent deux pères armés d'une longue baguette, ainsi qu'il est d'usage en Italie, pour désigner les pénitents qu'ils veulent recevoir. L'un a beaucoup de monde autour de son confessionnal, tandis que l'autre, trop sévère sans doute, attend en vain les pénitents qui courent à son voisin, de sorte que, en allongeant sa grande baguette dans le vide, il a l'air de pêcher à la ligne. Ces deux peintures, d'une charmante couleur, sont traités avec esprit.

On reproche à la couleur de M. Fromentin de n'être pas vraie, de n'être pas locale, c'est possible, mais elle charme par la richesse et la finesse des tons. Sa *Fantasia en Algérie*, est délicieuse d'entrain, de grâce et de mouvement; ces petits chevaux arabes sont nerveux, élégants et plein de feu. Autant dans ce tableau tout est pétulant, autant dans l'autre toile, *Une Halte de Muletiers en Algérie*, tout est calme. C'est nous montrer les deux côtés principaux du caractère algérien, sa gravité, son calme indolent et son agilité, sa gaieté frénétique.

La *Védette gauloise*, de M. Luminais, sort un peu de la manière de ce peintre qui s'est ici rapproché du genre historique. Ce soldat gaulois, grimpé dans l'épais feuillage d'un chêne pour épier les mouvements de l'ennemi, est une idée originale; cette figure a du caractère, elle est largement peinte. — M. Beyle est en veine de succès et nous y applaudissons; ses compositions sont simples, spirituelles et philosophiques. Comme notre confrère de la presse, Jules Vallès, M. Bayle s'attache à peindre les mœurs des saltimbanques. Le tableau qu'il intitule : *la Toilette de la Femme sauvage*, représente l'intérieur d'une baraque de saltimbanques avant le spectacle : le paillasse de la troupe est occupé de décorer d'arabesques bleus le torse de la femme qu'on va montrer comme femme sauvage. Les types sont vrais et bien peints. — Dans le même ordre d'idées, M. Chenu peint des batteleurs en voyage par un temps de neige. Un garde champêtre arrête la voiture, espèce de maison roulante, où logent pêle-mêle ces pauvres diables; il demande à voir leurs papiers, qu'il examine attentivement. C'est un effet de neige des mieux réussis.

M. Léon Olivier a retracé un épisode de la vie de Rabelais. Déguisé en mendiant, il est reçu au château de Glatigny, qu'habitait le cardinal du Bellay; celui-ci, l'ayant reconnu, le présente à ses convives comme « le plus gentil esprit et le plus docte personnage de la république des lettres. » Cette scène a été bien comprise; elle est rendue avec talent.

Le tableau, *la Rixe apaisée*, de M. Vautier, de Dusseldorf, rappelle à la fois les peintures de MM. Knaus et Brion, mais surtout celles de ce dernier pour le coloris. — Nous pourrions presque faire le même reproche au tableau de M. Worms intitulé : *un Talent précoce*, dont la couleur se rapproche aussi de M. Knaus. — Dans son *Ecole buissonnière*, M. Heullant n'a consulté que la nature, et nous l'en félicitons ; ses types sont plus vrais et son coloris plus solide.

Sans le bruit qu'on a fait autour du tableau de M. Lazerges, nous n'en aurions pas parlé, car nous trouvons son exécution au-dessous, beaucoup trop au-dessous du talent de cet artiste. A nos yeux, il ne suffit pas qu'il y ait sur cette toile les portraits d'un ou deux pamphlétaires pour en faire un chef-d'œuvre. Ce qui a fait le semblant de succès de ce tableau auprès d'un certain public, c'est le portrait de M. Rochefort : enlevé l'homme de la lanterne et cette peinture devient une toile obscure ; personne ne s'arrêtera plus à cette composition, où tous les personnages sont rangés et posés comme ces familles qui se font photographier en masse. Le *Foyer du théâtre de l'Odéon, un soir de première représentation* a deux précédents qui lui nuisent ; nous voulons parler des tableaux si connus de Heim et de M. Biard. Avec quel art et quelle vérité les groupes sont disposés dans le tableau de Heim ! comme les plans y sont bien observés, comme l'air circule bien entre tous ces personnages et comme tous ces portraits sont ressemblants et bien peints ! Et le tableau de M. Biard, quel mouvement dans les groupes ! comme c'est bien là une réunion d'artistes et d'écrivains ! comme tous les personnages sont à l'aise, comme ils causent bien entre eux, au lieu de se tenir raides et colés les uns contre les autres ! Nous regrettons que M. Lazerges ne se soit pas inspiré un peu de ces deux compositions.

Maintenant que nous avons rempli notre devoir de critique à l'égard d'un tableau sur lequel nous eussions gardé le silence si l'on avait pas cherché à égarer le jugement public sur sa valeur, nous sommes heureux de pouvoir dire à M. Lazerges fils, courage ! Continuez à interpréter sincèrement la nature. Vous êtes en progrès. Il y a deux ans, vous débutiez au Salon par une nature morte, l'année dernière vous exposiez une vue d'Alger, cette fois vous avez un excellent *Portraït de Mlle Periga*, artiste de l'Odéon. Surtout soyez sourds aux prôneurs de système; soyez vrai, soyez puissant, et tout le monde vous applaudira. Votre père l'a été; voyez son grand et beau tableau de la *Mort de la Vierge*, qui a établi sa réputation et qui restera une des meilleures productions de l'école moderne.

X

EN WAGON D'ARRAS A LANGUEAU

CONVERSATION SUR LE SALON DE 1869.

Peintures de MM. Paul Flandrin, Lanoue, Saal, Brest, Tournemine, Berchère, Segé, Huber, Faller, Paul Gélibert, Alf. Delaunay, Mlle Rosa Bonheur, MM. A. Bonheur, Otto Weber, Auteroche, D'Haussy, Van Marcke, Schenck, Schreyer, Palizzi, Jules Gélibert, Morel Fatio, Durand-Brager, Le Poittevin, Masure, Philippe Rousseau, Mme Escalier, MM. Vollon, Blaise Desgoffe, Maisiat, Mme Emeric, M. Monginot.

Nous montions en wagon à Arras, en serrant à la hâte la main à nos amis, que le train se mettait déjà en marche vers Paris. A peine étions-nous assis en face du seul voyageur installé dans ce compartiment, que notre compagnon de route nous dit : — Je viens de vous entendre nommer par vos amis ; vous êtes M. Louis Auvray, statuaire, directeur de la *Revue Artistique?* — Oui, monsieur, répondîmes-nous, ne sachant trop où voulait en venir notre interlocuteur.— Je remercie le hasard qui me procure le plaisir de faire votre connaissance ; je suis de l'Académie d'Arras, où je lis avec le plus grand intérêt votre journal et les articles que vous y publiez sur les Beaux-Arts...

Bref ; après un échange de politesses, la conversation s'établit tout naturellement sur le dernier Salon. — J'aime les arts, nous dit notre aimable compagnon, et je ne laisse passer aucune exposition sans aller la visiter. Ne trouvez-vous pas que, des divers genres de la peinture moderne, c'est le paysage qui a réalisé les plus grands progrès ? — Oui, monsieur; de considérables depuis quarante ans. Si le paysage historique, c'est-à-dire le paysage composé à la manière du Poussin, n'est plus représenté aux expositions que par l'un de ses meilleurs interprètes, par M. Paul Flandrin, dont les paysages composés ont toujours une harmonie de lignes et de coloris qu'on ne rencontre point dans les peintures, du même genre, de ses contemporains; si, disons-nous, le paysage classique est presque abandonné aujourd'hui, avouons que jamais les paysagistes n'ont montré plus d'originalité dans la manière de faire et plus de sincérité dans l'interprétation de la nature. Ainsi, dans sa *Vue prise à l'Aviccio, près Rome*, et dans sa *Vue prise à Massa, près Sarente*, M. Lanoue a su choisir des sites présentant les grandes lignes et l'imposant aspect du paysage historique, sans avoir besoin d'arranger la nature.—C'est vrai. J'ai vu un paysage exécuté dans ces conditions, mais d'une nature toute différente, qui m'a vivement impressionné : *Les derniers honneurs rendus à un pêcheur, à Hardenger, en Norwége* par M. Georges Saal. Vous le rappelez-vous ? — Parfaitement. Un effet de crépuscule bien réussi, un lac entouré de montagnes dont les cimes couvertes de neige sont encore éclairées des derniers rayons du soleil couchant, alors que la lune répand déjà sa blanche clarté sur cette vallée silencieuse. Ce paysage nous a également impressionné; il a fait revivre en nous le souvenir d'une traversée du lac de Tegern Sée, faite le soir, nous rendant du chalet de la comtesse Casimire de Rechsberg à la résidence du prince Charles...

Le ciel était serein, la nuit calme et profonde,

on n'entendait que le bruit des rames brisant la surface unie d'une eau limpide ; les montagnes avaient en ce moment un aspect encore plus sauvage, et leurs sommets semblaient toucher au firmament. Enfin, rien de plus saisissant que ce spectacle, qui a bien la couleur des légendes poétiques de l'Allemagne. Mais l'âme préférera toujours une poésie plus douce, des sites plus riants, plus chauds ; on s'arrêtera plus longtemps devant les toiles de nos orientalistes, école nouvelle sortie du mouvement artistique de 1830, qu'on ne pressentait guère il y a cinquante ans. Quelle richesse de coloris dans les deux peintures de M. Brest : *Sur le Bosphore* et *Fontaine des Eaux douces d'Asie!* Quels tons chauds et harmonieux dans cet *Episode d'une Chasse en Afrique* et dans cette *Fête dans l'Inde!* exposés par M. Tournemine; et le ciel brûlant, empourpré, du tableau de M. Berchère : *Halage sur une Digue du Lac Menzaleh, basse Egypte*, comme il est vigoureusement touché ! — Sans doute ; mais si ces tons ne sont pas exagérés, on doit rôtir dans cette fournaise. Et, vrai, ça ne me donne pas l'envie d'habiter ces contrées-là. J'aime mieux le climat tempéré de la France. S'il y fait chaud, au moins on y trouve de l'ombre. Tenez, avez-vous remarqué le tableau de M. Segé : l'*Orme de Vaumadeu?* — Oui, certes ; un coloris puissant et vrai, n'est-ce pas ? Le paysage de M. Huber, *Une Charbonnière dans la Forêt de Fontainebleau*, est encore une peinture du même genre, largement touchée, comme vous paraissez les aimer. Vous avez dû vous arrêter aussi à la toile de M. Faller, représentant la *Colline de la Vallée de Chevreuse*, peinture consciencieusement étudiée; ainsi qu'au tableau de M. P. Gélibert : *Souvenir des Bords de la Seine, près Melun*, d'un ton local très-juste, et à la *Vue prise du pont Marie, à Paris*, d'un effet pittoresque, et le début de l'un de nos bons aquafortistes, M. Alfred Delaunay, auteur de nombreuses planches sur le vieux Paris.

A propos de paysage, mais qu'est donc devenue Rosa Bonheur ? on n'en entend plus parler. Aurait-elle renoncé à la peinture, ou serait-elle morte ? — Non, monsieur ; Rosa Bonheur, il est vrai, a cessé d'envoyer à nos expositions annuelles depuis son *Marché aux Chevaux*, sa plus grande page exposée au Salon de 1853 ; mais, néanmoins, elle n'a pas cessé de produire. Elle habite les environs de Fontainebleau, où, dit-on, elle travaille pour l'Angleterre.

Selon les uns, elle boude nos Salons, parce que certains critiques ont été par trop malveillants à son égard ; selon d'autres, les nouveaux talents qui ont grandi, depuis seize ans qu'elle s'est retirée de la lutte, lui porteraient ombrage, elle craindrait ne plus occuper le premier rang... Dame ! nous ne saurions la blâmer de cette prudence. Et puis, n'est-ce pas son frère, M. Auguste Bonheur, qui occupe aujourd'hui la première place parmi les peintres d'animaux ? La suprématie du genre appartient donc encore à la famille, et il vaut mieux qu'il n'y ait pas rivalité entre le frère et la sœur. A la science du dessin et au fini extrême du rendu de la peinture de Rosa Bonheur, son frère joint une facture plus large, plus virile, et un coloris plus vrai, plus puissant. Son tableau exposé cette année : *le Chemin perdu, souvenir des Pyrénées*, est une de ses meilleures productions. Il est composé avec un sentiment vrai ; les animaux et le paysage sont touchés avec la vigueur d'un pinceau de maître. — Et que dites-vous de l'*Attelage de Bœufs*, de M. Otto Weber? N'est-ce pas que la couleur y est puissante aussi ? — Oui, certes ; c'est une bonne et franche peinture, mais un peu lourde ; les tons sont moins fins, le modelé moins savant que dans le tableau de M. Auguste Bonheur. Il y a plus de finesse, plus de transparence dans le coloris des deux tableaux exposés par M. Auteroche, l'un *le Repos, pâturage normand* et l'autre l'*Abreuvoir, souvenir des Vosges*. La lumière y est chaude comme dans un Claude le Lorrain; les animaux sont beaux et bien peints. Peut-être voudrions-nous un peu plus de fermeté dans le modelé. — Je me souviens avoir remarqué, à notre dernière exposition d'Arras, une peinture de cet artiste, laquelle, si je ne me trompe, a été achetée par la Société artésienne. — C'est possible; le talent de M. Auteroche a grandi depuis quelques années, et il est tout naturel que ses tableaux soient recherchés. Si nous demandions à ce jeune peintre un peu plus de fermeté dans le modelé, nous conseillerions au contraire, à son confrère M. d'Haussy, de moins accentuer le sien, car il y a un peu de dureté dans sa peinture intitulée *Herbage près Trouville*. Néanmoins c'est une bonne étude faite d'après nature et d'une jolie couleur. En fait de bestiaux et d'herbage, vous êtes-vous arrêté au tableau de M. Van Marcke : *Un her-*

vage à *Incheville?* avez-vous remarqué la belle vache blanche qui se frotte contre un arbre? comme ce mouvement est bien rendu! Il est fâcheux que le fond du paysage manque d'un peu de légèreté.

— Mais que pensez-vous du tableau de M. Schenck, les *Têtes de chevaux de courses?* — Ce sont de bonnes études ; mais comme tableau, c'est moins amusant que n'étaient au Salon précédent, les têtes d'ânes autour de l'auge. Nous préférons son autre toile : *Après la pluie ; Montagnes d'Auvergne ;* c'est là de la bonne peinture. Tenez, un excellent tableau, non moins dramatique, c'est celui exposé par M. Schreyer : *Un temps d'hiver en Valachie.* Comme cette peinture est vraie ! Cette voiture enfoncée jusqu'aux moyeux dans cette mer de neige qui va toujours montant, ces pauvres chevaux ayant de la neige jusqu'à la sous-ventrière, ne pouvant plus faire un pas et destinés sans doute à être engloutis dans cette tourmente, n'est-ce pas là un spectacle navrant ! C'est bien là pourtant ce que sont les hivers dans ces contrées. Nous nous sommes trouvé dans la même situation à peu de distance de Munich, et cependant nous voyagions en chemin de fer. Nous n'avions pas fait plus d'une lieue ou deux au milieu d'une neige tellement abondante que, malgré tous les efforts du mécanicien, le train ne put bouger.

Que faire? rester dans les wagons était s'exposer à y mourir gelé. Il fallut bien se résigner à abandonner ses bagages et à regagner la ville, à pied, sous la direction des employés du chemin de fer. En voyant cette colonne cheminant péniblement, trébuchant à chaque pas, aveuglée par une neige fine comme du sable et dure comme la glace, nos souvenirs se sont de suite reportés à la retraite de Russie, dont nous n'avions là cependant qu'une bien faible idée. Nous sommes arrivés dans la nuit et glacés à Munich, où nous avons dû rester trois jours avant de pouvoir nous remettre en route. — Charmant climat.... — Oui, n'est-ce pas? Mais vous lui préférez celui de notre France et vous avez raison. Ici, en décembre, nous apercevons encore la verdure dans les champs ; là-bas, on est dans la neige à partir de la fin d'octobre jusqu'à la fin d'avril, et même en mai nous en avons encore vue en plusieurs endroits sur la route du Gross Hessellohe, où le maréchal Derlon, exilé à la rentrée des Bourbons, a établi une brasserie qui existe encore. — Aussi, malgré les qualités très sérieuses de cette peinture et la réputation méritée de son auteur, j'aimerais mieux voir dans mon salon la toile de M. Palizzi : *Moutons allant aux champs*, ou les *Chiens terriers*, de M. Mélin ou le *Sanglier à la ferme*, de M. Jules Gélibert. — Je le comprends ; la couleur de M. Palizzi est séduisante, et la toison de ses moutons est on ne peut plus vraie. Quant à M. Mélin, il est toujours le premier peintre de l'Ecole moderne pour les scènes de chasse, surtout pour les chiens, sa couleur ne vise jamais à l'effet : elle a une harmonie charmante. Le coloris de M. Jules Gélibert est plus coquet, principalement dans son second tableau · *Loup tenant tête aux chiens*. Ce jeune artiste a fait de grands progrès; il s'est fait un nom parmi les peintres d'animaux, genre qui n'a amais été mieux traité qu'à notre époque.

— Mais ne vous semble-t-il pas que la peinture de marine est plus négligée que sous Louis-Philippe? — Je ne le crois pas. On faisait alors beaucoup de bruit des peintures de M. Gudin, le peintre favori du roi ; il écrasait tous les autres, on ne parlait que de lui. Aujourd'hui les peintres de marines sont plus nombreux, et si leur couleur est moins tapageuse, elle a le mérite d'être plus vraie, ainsi que le prouve le tableau de M. Morel-Fatio : *Frégate de premier rang fuyant* (1840). On voit que la frégate file rapidement, mais sans exagération de vagues, dont une seule occupait trop souvent la toile entière des tableaux de M. Gudin. La même sagesse se retrouve dans cette grande composition : le *Combat de Simonosaki* (4 septembre 1864), où M. Durand Brager nous montre les forces navales de la France, de la Grande-Bretagne, de la Hollande et des États-Unis, assemblées dans la mer du Japon, pour forcer le détroit de Simonosaki, sous les ordres du contre-amiral Jaurès, commandant la *Sémiramis*, et du contre-amiral Kuper, commandant l'*Euryalus*. Cette belle marine est destinée au musée historique de Versailles. Comme ses deux confrères, M. Le Poittevin a commencé sa réputation sous le gouvernement de Juillet, et son talent a suivi les progrès réalisés depuis : il est devenu plus sincère. Son tableau de cette année, *les Casseurs de Glace en Hollande*, est une des bonnes marines du

Salon. Il nous serait difficile de citer toutes les marines qui mériteraient de l'être, mais nous vous rappellerons la finesse et la vérité de ton des deux toiles de M. Masure : *le Calme et la Brise*; *côtes de Nice*.

— Un peintre qui a toutes mes sympathies, c'est M. Philippe Rousseau. Quel charmant coloriste ! quelle peinture franche et vraie ! Je le trouve bien plus fort que Chardin ; c'est moins cherché, moins travaillé. — C'est aussi notre avis. Avec quel goût sont groupés ces roses et ces fruits sous cette ombrelle bleue, quelle audace de coloriste que cette réunion de tons roses et de tons bleus, et comme ces pêches sont fraîches et veloutées ! Intitulé au catalogue : *l'Ete*, le public a donné à ce tableau un nom caractéristique qui lui restera ; désormais il se nommera : *l'Ombrelle bleue*. Si son second tableau, l'*Automne*, a moins de séduction, cette branche de sorbier qui sort d'un vase de cuivre est néanmoins d'une vigueur de touche et de ton qu'on ne rencontre que chez ce maître. — Il y avait dans la même salle des *chrysanthèmes*, de Mme Escalier, qui ne manquaient pas non plus de puissance. — Vous avez raison, c'est une des plus vigoureuses peintures du Salon; elle n'avait qu'un tort, celui de rappeler les chrysanthèmes exposées en 1866 par M. Philippe Rousseau et achetées par S. A. I. la princesse Mathilde. Voilà le danger de traiter, même avec un grand talent, une chose déjà exposée avec succès par un maître en renom. Un artiste qui, dans ce genre, est passé maître tout d'un coup, c'est M. Vollon. Son tableau : *Après le bal*, quoique moins important que celui de l'année dernière, est encore très-remarquable. Le bouquet fatigué, fané par la chaleur et l'agitation fiévreuse d'une soirée dansante, les riches objets d'art placés sur ce marbre, tout cela est peint avec vérité et beaucoup d'art. Quant à M. Blaise Desgoffe, il met toujours le même fini, la même perfection dans ses reproductions d'objets précieux, qui, sous son pinceau, deviennent de vrais trompe-l'œil. Ce qu'il réussit moins bien, ce sont les fleurs et les fruits ; ils ont toujours un peu de sécheresse. La *Branche de Prunier*, de M. Maisiat, et la *Branche de Châtaignier*, de Mme Honorine Emeric, sont plus grassement modelées et d'un coloris plus frais. Nous nous souvenons aussi de la grande toile de M. Monginot, *Après la chasse*; un panneau décoratif composé avec goût, peint avec entrain, d'une couleur agréable et....

— Langueau ! Langueau !... dix minutes d'arrêt.

— Déjà à Langueau... Ne descendons-nous pas pour nous dégourdir les jambes ?

— Volontiers !

Et nous descendîmes de notre compartiment.

XI

EN WAGON DE LANGUEAU A CREIL

CONVERSATION SUR LE SALON DE 1869.

Aquarelles : Mlle Rosa Bonheur, MM. Brion, Achille Zo, Philippe Rousseau, Anastasi, Justin Ouvrié, Mlle Berthe Ouvrié, MM. Sebrou, Harpignies. — *Dessins :* MM. Allongé, Bida, Gérôme, Galimard, Paul Flandrin, Saintin, Vien, Desvachez, Hiesrh. — *Pastels* : MM. Eugène Giraud, Lanoue, Galbrund, Mme Coeffier, M. Huas. — *Miniatures :* M d. David, Pommayrac, Mmes Parmentier, Emeric, M. Passot. — *Porcelaine :* Mme Col, Mlles Millet, Poignot. — *Faïence :* M. Bouquet, Mme Grünn, Mlle Montpellier. — *Emaux :* MM. Popelin, Lepec, Mlle Maussion.

Les cris : « En wagon ! les voyageurs pour Paris, » s'étant fait entendre, nous quittâmes le buffet de Langueau pour regagner notre compartiment et reprendre notre conversation, un instant interrompue C'est encore notre aimable compagnon qui prit le premier la parole. — Savez-vous que bien peu d'expositions ont offert une réunion de dessins aussi remarquables que cette année ? Presque tous nos grands peintres y sont représentés au moins par une œuvre. Les aquarelles ont surtout attiré mon attention ; j'aime beaucoup ce genre de peinture. — Ce genre, en effet, avait au Salon des œuvres de maîtres, et Rosa Bonheur, qui, depuis 1866, n'expose plus de peintures, ainsi que nous vous le disions tout à l'heure, a envoyé une charmante aquarelle : *les Deux Taureaux et la Grenouille* (fable de La Fontaine). Est-ce un indice de retour à nos Salons annuels ? Espérons-le. Cette aquarelle, pleine de fraîcheur, appartient à M. le baron de Boissieu, qui a commandé à nos meilleurs peintres des aquarelles et des dessins dont les sujets sont tirés des fables de La Fontaine. C'est à lui qu'appartiennent encore la vigoureuse aquarelle de M. Brion : *le Gland et la Citrouille*, et celle si riche de tons : *l'Ane chargé de rel'ques* par M. Achille Zo. — Une autre, qui n'est ni moins riche, ni moins fraîche de tons, c'est l'aquarelle de M. Philippe Rousseau : *l'Été* (l'ombrelle bleue). — C'est vrai ; mais celle de M. Anastasi, l'est-elle moins ? C'est une seconde vue du *Jardin d'hiver de S. A I. la princesse Mathilde*, un coin du paradis terrestre, réunissant la flore des contrées du globe les mieux favorisées et les produits les plus riches, les plus curieux, les plus rares de la Chine et du Japon. — Son Altesse Impériale n'a donc pas exposé cette année ? — Non, la princesse n'avait probablement pas achevé l'aquarelle que nous avons vue exposée dans ses salons, à la fin de mai, avant son départ pour Saint-Gratien : un beau page du règne de Louis XIII, vêtu de satin blanc, bien campé sur ses jambes et grand comme nature.

C'est la plus grande aquarelle que nous connaissions comme étude faite d'après le modèle vivant. La tête est vraiment belle, la pose est simple et gracieuse, les satins sont d'une vérité à faire illusion. Son Altesse Impériale a reçu les compliments des artistes présents à cette soirée, et surtout d'un peintre qui excelle à faire le satin, de M. Alfred Stevens. Tout en le remerciant de ses compliments, et à propos des compliments dont elle était l'objet, Son Altesse raconta qu'ayant entendu une dame exprimer, à voix basse, le doute qu'elle fût l'auteur de cette peinture, elle lui avait dit, avec franchise, qu'elle était dans l'erreur, qu'elle peignait pour son agrément, et que, dès qu'un autre le ferait à sa place, ça ne l'amuserait plus ; qu'elle ne se cachait point pour travailler, qu'elle recevait dans son atelier, où on la voyait à l'œuvre Nous avons tous bien ri de l'embarras dans lequel a dû se trouver la pauvre incrédule.

Il y a encore bien des gens qui se figurent qu'un prince doit être un idiot, un paresseux, un impuissant ; qu'aux enfants du peuple seuls la nature donne le génie, l'intelligence, le courage. Il y a pourtant des souverains, des princes, qui, de notre temps, se distinguent dans les arts et les lettres, et néanmoins ces faits contemporains n'ont pu déraciner ce vieux préjugé, entretenu par les partis politiques qui exploitent cette masse crédule qu'on a appelée la *vile multitude* Ne trouvez-vous pas que nos aquarelles de l'Exposition valent bien celles des Anglais ? Nous croyons qu'il serait difficile de rencontrer plus de finesse de tons et plus d'harmonie que dans les deux aquarelles de M. Justin Ouvrié : *Vue prise du Pont de l'Hôtel de Doël, à Amsterdam*, et les *Bords du Cousin, à Avallon*. — J'aime beaucoup le talent de M. Justin Ouvrié ; j'ai de lui une aquarelle à laquelle je tiens beaucoup. Mais je me souviens d'une aquarelle signée Berthe Ouvrié ; serait-ce sa fille ? — Probablement. Nous l'avons remarquée aussi cette *Vue du Château de Maintenant*, très-finement touchée. Ce début promet une artiste qui soutiendra l'honneur du nom qu'elle porte M. Sebron est encore un excellent aquarelliste ; sa *Rue du Caire, conduisant à la grande Mosquée (Egypte)*, et son *Repas de Marins, autour du feu* (bords du Nil ; effet de nuit) sont touchés avec une verve et une vigueur de coloris qui caractérisent le talent exercé de l'ancien collaborateur au diorama de Daguerre. — N'êtes-vous pas de mon avis à l'égard de votre compatriote, M Harpignies ? c'est qu'il est plus coloriste dans ses aquarelles que dans ses peintures à l'huile, toujours un peu noires. — Votre observation est juste ; ces neuf aquarelles, *Souvenirs de Voyage*, sont d'un coloris plus frais, plus agréable que dans son tableau, *le Chemin des Roches*, qui est étudié avec conscience, mais auquel on reproche des tons un peu lourds et noirs.

— Un autre paysagiste, M. Allongé, se trouve à peu près dans le même cas : il réussit mieux ses dessins que ses peintures.—C'est vrai; ses tableaux : *une Mare sur la plage de Villers-sur-Mer*, et *le Soir dans les Îles de Créteil*, laissent un peu à désirer sous le rapport du coloris, tandis que ses deux fusains, *le Sentier de la source, à Villers-sur-Mer* et *les Bords du Scorf* (environs de Quimperlé), sont admirables de vérité, de finesse et d'harmonie.

Personne ne fait le paysage au fusain avec cette perfection ; cependant il n'a pu encore obtenir une médaille, et cet artiste, le premier pour le paysage au fusain, est soumis comme un rapin aux caprices d'un jury d'admission.

Peut-être ne récompense-t-on pas les dessins ?—Pardon, monsieur ; tous les genres admis à l'Exposition ont droit aux récompenses, et beaucoup de dessinateurs ont été récompensés; M. Bida, le célèbre dessinateur, en est une preuve. Il n'a, cette année, envoyé qu'un dessin, un très-beau dessin : *l'Auteur de l'Imitation.* — M. Gérome aussi, je crois, n'a exposé qu'un dessin ? — Oui, une bien jolie mine de plomb : *le Paysan du Danube*, sujet tiré de la fable de La Fontaine et commandé encore par M. le baron de Boissieu. — Deux mines de plomb ont également fixé mon attention par la délicatesse du modelé, ce sont : *l'Ode*, et *la Poésie amoureuse*, par M. Galimard. Vous savez que ce dernier dessin a été acheté par un amateur, homme du monde financier. — Par M. Gravier, nous le savions. Vous avez dû remarquer aussi plusieurs portraits dessinés à la mine de plomb ? les *Portraits de Mme F. B... et de M. de N.*, d'un dessin si correct, par M. Paul Flandrin ; les *Portraits de Mlle Marie et de Mlle Henriette Welles de Lavalette*, d'un modelé si fin, si vivant, par M. Saintin ; et le *Portrait de Mme G.*, plein de physionomie grassement modelé par M. Vien. — Mais le graveur M. David Desvachez n'est-il pas votre compatriote ? Il a exposé un dessin d'après le tableau de F. Bartholomeo, *la Vierge glorieuse*, du Musée du Louvre ? — Oui, un dessin très savant, très consciencieux. Nous avons été heureux de voir dans cette salle un dessin du même genre, exécuté avec talent et de la grandeur du tableau du Musée du Louvre : *Portraits de Giovanni et de Gentile Bellini*, par M. Hirsch. — Pourquoi cela ? — Parce que chargé d'exécuter le buste en marbre de Gentile Bellini, et n'ayant pu découvrir ni une gravure ni une photographie du tableau du Louvre, trop jauni et trop poussé au noir pour être photographié, M. Hirsch a eu l'extrême obligeance d'autoriser M. Marville, photographe des Musées du Louvre, à reproduire son dessin afin de nous tirer d'embarras.

— Ah çà ! mais notre grand pastelliste, M. Eugène Giraud, a donc tout à fait renoncé au pastel ? — C'est à craindre, puisque depuis plusieurs années il n'en a pas exposé ; il semble être tout entier aux tableaux de genre historique qui lui ont valu des succès mérités. C'est lui qui a ressuscité le pastel, pour ainsi dire oublié depuis quarante ans ; lui qui en a ramené le goût si répandu aujourd'hui, car maintenant on applique ce genre au paysage aussi bien qu'au portrait. Ainsi, M. Lanoue excelle dans les paysages au pastel ; il est parvenu à leur donner la vigueur et la fermeté de ses peintures à l'huile. Ses deux pastels de cette année : *Vue du Tibre* (prise de l'Acqua-acetosa, campagne de Rome), et *Vue de la Villa Taverna, à Frascati*, en sont deux exemples. — J'ai vu aussi quelques beaux portraits au pastel. — Je le crois bien ; ceux de M. Galbrund : *Portrait de femme*, et *Portrait de jeune fille*, sont sérieusement dessinés et d'une couleur qui ne vise pas à l'éclat, défaut trop commun aux pastellistes modernes. — C'est un peu le reproche qu'on adresse à Mme Coeffier ? — C'est vrai ; cependant ses pastels ont toujours beaucoup de succès. Son *Portrait de Mme A. B.*, et le *Portrait de Mlle M. P.*, sont d'une fraîcheur charmante, et les dames ne se plaindront jamais de ces tons agréables. Mais il nous est permis de préférer le coloris plus sévère du Portrait de notre confrère, M. Charolais, rédacteur du *Journal officiel*, exposé par M. Huas.

— Un genre de peinture qui semble un peu négligé, c'est la miniature. — Pourtant il y en a encore de très-remarquables cette année. Entre autres, celles de M. Maxime David, qui occupent toujours le premier rang, et celles de M. de Pommayrac, encore un maitre du genre. Le portrait de la princesse C..., par Mme Eugénie Parmentier, se distingue par la fraîcheur des tons et par le fini de l'exécution, et le portrait de jeune fille, miniature su vélin, de Mme Honorine Emeric, par la vérité du modelé et la finesse du dessin. — Et le portrait de M. le comte Walewski ? — Par M. Passot, encore une œuvre de maître, un bon coloriste.

— La peinture sur porcelaine, autrefois tant à la mode, est à peine représentée cette année ? — En effet, elle est, comme on dit, démodée pour le moment; le goût du jour est aux faïences. C'est un mal pour un bien : on reviendra un jour ou l'autre à la peinture sur porcelaine, qui offre des ressources plus réelles à l'art. En attendant, la peinture sur faïence, abonnée depuis longtemps, aura fait des progrès qui l'auront relevée de sa déchéance. Quelques-une des peintures sur porcelaines ne sont cependant pas sans mérite. Nous citerons : *Nymphes et Bacchus*, d'après Lefebvre, par Mme Delphine de Cool; *Psyché et l'Amour*, d'après Gérard, par Mlle Claire Millet; et le *Portrait de M. Philippe Ricquier*, par Mlle Alice Peignot.

— Le fait est que, grâce à M. Michel Bouquet, les peintures sur faïence d'aujourd'hui rivalisent avec les anciennes.

— Il y a de grands progrès de faits, mais il en reste encore bien à réaliser, et M. Michel Bouquet est seul capable de le tenter, car il aime à surmonter les difficultés. Son *Paysage en Savoie* le prouve assez. La *Diane*, d'après J. Vouet, est aussi une heureuse tentative de Mme Eugénie Grünn, peintre de genre récompensé en 1846. Mlle Eugén e Montpellier, elle aussi, a quitté momentanément la peinture à l'huile pour la peinture sur faïence : le *Baptême du Christ*, d'après Raphaël, est, si nous ne nous trompons, le premier ouvrage de ce genre qu'elle expose.

— Je crois que si M. Michel Bouquet a contribué aux progrès de la peinture sur faïence, M. Clodius Popelin n'a pas moins fait pour la peinture sur émail. — C'est le maître du genre, par les ouvrages qu'il a publiés sur cet art et par les émaux qu'il a produits. Malheureusement, nous n'avons rien vu de lui au Salon, cette année. Mais son confrère, M. Lepec, a exposé un très-bel émail, portrait de Mme ***, costume travesti. Mlle Elise de Maussion a trois émaux : *La Danse des Grâces*, *l'Enlèvement d'Europe*, et......

— Creil! Creil! cinq minutes d'arrêt....

— Profitons-en, si vous le voulez bien, pour faire un tour de gare et fumer un cigare.

Et nous nous élançâmes hors du wagon.

XII

EN WAGON DE CREIL A PARIS

CONVERSATION SUR LE SALON DE 1869

Sculptures de MM. Cambos, Perraud, Ernest Hiolle, Le Père, Montagny, Emile Thomas, Truphème, Gumery, Frison, Travaux, Mathurin Moreau, Talouet, Aizelin, Carrier-Belleuse, Chatrousse, Robinet, Chambard, Moreau-Vautier, Bartholdi, Loison, Samain, Maindron, Doublemard, Sanson, Pierre Hébert, Auguste Barre, Gustave Crauk, Emile Boisseau, Etex, Cavelier, Dubray, Jacquemart, Daumas aîné, Guillaume, Carpeaux, Oliva, Chenillon, Desprez, Godin, Dieudonné, Grandfils, Lequesne, Mousry, Mabille, Rouillard, Mène, Santa Coloma, Cain, Isidore Bonheur, Emile Fournier. — *Gravure en médailles :* MM. Oudiné, Ponscarme, Merley, Alphée Dubois, Chabaud, Tasset, Chaplain.

Le signal du départ nous fit rejoindre notre compagnon de voyage, en nous excusant de l'avoir laissé un instant pour serrer la main à un confrère, descendu du train venant de

Paris. — Ah ! ce monsieur est un statuaire ? — Oui, monsieur, et un de nos compatriotes. — Serait-ce M. Carpeaux ? — Oh ! non. C'est M. Ernest Hiolle, l'auteur de la statue de *Narcisse*, une très-belle étude en marbre qui a disputé la médaille d'honneur... — Oui, oui, je l'ai remarquée, et m'y suis arrêté bien souvent. Mais que dites-vous de la décision du jury ? — Voyons d'abord ce que vous en pensez vous-même ; je m'en expliquerai ensuite avec ma franchise habituelle. — Eh bien ! au risque de vous paraître bien téméraire, je vous avoue qu'à mes yeux la médaille d'honneur devait être accordée à M. Cambos, pour sa belle statue en marbre, la *Femme adultère*, parce qu'au mérite d'une exécution parfaite, d'une étude consciencieuse, se trouvent réunis le sentiment vrai, l'expression juste des traits et du geste, l'élégance du dessin et la grâce de la pose. Tandis que devant la statue en marbre de M. Perraud, le *Désespoir*, on reste froid, tant cette statue est dépourvue de sentiment et d'expression. Ce n'est pas le *Désespoir* qu'elle exprime, c'est l'*ennui*. L'exécution de ce marbre est sans doute très-soignée, mais ne la trouvez-vous pas inférieure à celle de l'*Éducation de Bacchus*, du même artiste ? — Oh ! mais il ne faut plus vous attendre à voir M. Perraud reproduire une œuvre de ce mérite ; c'est son envoi de Rome, et il n'est pas le seul de nos pensionnaires qui n'aient jamais produit aussi bien que leur dernière production envoyée de la Villa-Médicis. M. Lemaire a-t-il fait mieux que sa *Jeune Fille au papillon ?* L'*Apollon essayant la lyre* est resté la meilleure étude de M. Duret, comme l'envoi de Rome de M. Jouffroy, la *Jeune Fille confiant son secret à Vénus*, est toujours la meilleure figure de cet artiste. Il en est ainsi de presque tous les pensionnaires. — A quoi cela tient-il donc ? Est-ce à cause des modèles ? — Il y a, en effet, à Rome, toutes sortes de modèles ; le tout est de les découvrir et de savoir en tirer parti. — Puisque vous trouvez, comme moi, que la statue de M. Perraud, le *Désespoir*, est inférieure à son envoi de Rome, pourquoi le jury lui a-t-il accordé la médaille d'honneur que le public décernait à la *Femme adultère*, de M. Cambos? Pourquoi redonner une telle récompense à un artiste au moment où il se montre inférieur à son talent ? — Influence de jury, mon cher monsieur ; qui sait? peut-être parce que la statue de M. Cambos est drapée? — Alors, le jury aurait dû accorder cette médaille d'honneur à la statue de *Narcisse*, de M. Ernest Hiolle, figure d'étude tout aussi savante que celle de M. Perraud, mais d'un mouvement plus original, d'un modelé plus accentué et plus nature. — Oh ! si vous vouliez examiner une à une toutes les décisions du jury, vous en trouveriez encore plusieurs qui vous étonneraient. J'y suis habitué. Aussi jamais je ne m'inquiète si un artiste est récompensé ou non, je ne m'occupe que du mérite de l'œuvre, et les œuvres de mérite sont nombreuses aux expositions de sculpture.

— .C'est vrai, depuis longtemps les sculptures exposées offrent un ensemble vraiment supérieur à celui que présente la galerie des peintures, et la statuaire y est représentée dans les styles les plus variés, depuis le grec jusqu'au gothique, selon le sujet traité et la place qu'il doit occuper. — Oui, monsieur, ce sera l'honneur de notre école moderne d'avoir étudié toutes les écoles et exercé tous les genres avec talent. — Parmi les statues du style antique, j'en ai remarqué une qui rappelle les sculptures d'un si grand caractère de MM. Cortot et Dumont..... — La statue de M. Le Père, n'est-ce pas? *Diénécés mourant aux Thermopyles*, figure d'un beau sentiment, d'un dessin très-savant, marbre d'une exécution digne de M. Perraud. Vous êtes-vous arrêté aussi devant la statue colossale de M. Montagny, le *Génie de la métallurgie*, destinée à décorer une des places de la ville de Saint-Etienne ? — Certes, monsieur, une figure imposante, une pose simple, énergique, une tête belle et intelligente, des formes larges et d'un modèle puissant. Vous voyez que cette statue a attiré mon attention. Mais que dites-vous de la Vénus de M. Emile Thomas ? — Il n'y a pas d'artiste dont on m'ait dit plus de mal. — Dame ! c'est un peu sa faute ; je l'ai connu à Arras ; il est un peu mordant. — En tout cas, ses confrères le lui rendent bien. Mais, quel que soit le mal qu'on me débite sur un artiste, cela ne m'empêche pas d'être juste à son égard, de tenir compte de son talent et de repousser les attaques passionnnées dont ses œuvres sont l'objet. Sa *Vénus au jugement de Pâris* a été très critiquée par les artistes ; mais un écrivain renommé, M. Théophile

Gautier, en a fait l'éloge dans le *Journal officiel*. Voici à peu près ce qu'il disait :

« La *Vénus au jugement de Pâris*, groupe en marbre de M. Emile Thomas, se distingue par l'élégance et la grâce de sa pose. L'artiste, dans ce tournoi de beauté où le charme doit vaincre, s'est rapproché plutôt du type essentiellement féminin de la *Vénus de Médicis* que du type grandiose et sévère de la *Vénus de Milo*. Une nature choisie a été consultée pour animer par la vie réelle l'idéal antique, et il en est résulté une statue séduisante comme il le fallait pour motiver l'arrêt favorable de Pâris. L'exécution en est des plus délicates, et l'artiste a fait preuve dans ce morceau d'une extrême habileté à travailler le marbre. Le petit amour qui se tient près de la déesse, la draperie glissant sur la hanche et donnant un point d'appui à la statue, sont dégagés de la masse et refouillés avec une adresse étonnante.

» Il y a dans la *Vénus* de M. Emile Thomas une suavité voluptueuse qui rappelle un peu la manière de Canova. Nous ne savons si l'artiste prendra cette phrase pour un compliment. Canova n'est plus à la mode, mais sans avoir pour lui l'admiration passionnée de Stendhal qui le regardait comme un des plus grands génies de l'époque, nous en faisons un cas tout particulier et le plaçons au premier rang, car il a apporté dans l'art une forme nouvelle d'idéal. »

— Mais vous, monsieur, quelle est votre opinion ? — Je ne suis pas de l'avis de ceux qui reprochent à M. Emile Thomas d'avoir trop consulté les formes de la *Vénus de Médicis*, car si l'imitation du type antique était permise, c'est bien dans un sujet comme celui traité par cet artiste. Dans une figure d'étude il eût été blamable d'imiter une Vénus antique plutôt que la nature, mais voulant représenter *Vénus au jugement de Pâris*, il était dans son droit en choisissant le type classique. Quant aux quelques maigreurs signalées, on ne peut avoir le courage de les reprocher à l'artiste lorsqu'on sait que ce groupe a été exécuté sans modèle, c'est-à-dire pris dans la masse du marbre, sans *mise aux points*. Tous ses confrères croyaient bien qu'il n'en sortirait pas. Nous qui avons exécuté de la même manière un Christ en marbre, sans en avoir fait, ainsi qu'il est d'usage, le modèle en plâtre, nous savons quelles difficultés M. Emile Thomas a dû surmonter et nous le félicitons de s'en être si bien tiré.

— Je comprends que M. Emile Thomas ait donné à sa *Vénus* le type consacré par la sculpture antique, mais comment se fait-il que M. Truphème s'en soit éloigné dans son charmant groupe de *Vénus grondant l'Amour*? — Parce que, généralement, sans intention de traiter un sujet arrêté, l'artiste cherche une composition gracieuse pour une figure d'étude qu'il baptise plus tard d'un nom quelconque. C'est ainsi que la jolie composition de M. Gumery, *Nymphe jouant avec l'Amour*, aurait pû aussi bien s'intituler : *Vénus jouant avec l Amour*, sans soulever la moindre objection. La grâce, le sentiment, l'élégance des formes, la vérité et la puissance du modelé, voilà avant tout le but que l'artiste se propose d'atteindre dans une figure d'étude. Ce sont là les qualités qu'on retrouve encore avec satisfaction dans plusieurs figures exposées : la *Dalila*, de M. Frison; la *Rêverie*, de M. Travaux ; le *Repos*, de M. Mathurin Moreau ; la *Pénélope*, de M. Talouet, et la *Jeunesse*, de M. Aizelin. —Toutes ces œuvres sont en effet on ne peut plus remarquables, et il y en a d'autres encore. L'*Hébé endormie*, de M. Carrier-Belleuse, n'est-ce pas aussi une statue gracieuse et d'un modelé gras et vrai ? Le groupe de M. Chatrousse, *Source et Ruisseau*, n'est-ce pas encore une charmante composition exécutée avec talent? — Sans doute; et bien certainement, vous vous êtes arrêté devant la statue en plâtre de M. Robinet, *Tchadni, la Charmeuse de serpents*, aux mouvements souples et gracieux, statue grassement modelée, dont les formes élégantes gagneront à être traduites en marbre. Vous avez vu aussi avec plaisir ces deux excellentes études, la *Jeune Fille*, marbre de M. Chambard, et le *Petit buveur*, marbre de M. Moreau-Vautier, d'un dessin si sincère, si nature. — J'ai vu avec non moins de plaisir une autre statue d'enfant par ce même M. Moreau-Vautier, *Il Zampognaro*, jeune pâtre italien, et un joli bronze, le *Jeune Vigneron alsacien*, de M. Bartholdi, d'un mouvement vrai et d'un modelé on ne peut plus vivant. Et que pensez-vous de la *Victoire* de M. Loison ? — C'est une idée ingénieuse et touchante, c'est l'expression du progrès de la civilisation moderne. Jusqu'à ce jour les artistes qui ont traité ce sujet n'avaient songé qu'aux vainqueurs; toutes les statues de la *Victoire,* que nous connaissons, couronnent les grands capitaines, distribuent des lauriers aux héros, sans réfléchir que les braves tombés au champ d'honneur ont contribué pour une part au succès du combat, et doivent avoir également leur part de gloire. Nous félicitons M. Loison du sentiment humanitaire et patriotique qui lui a inspiré cette composition nouvelle, nous montrant la *Victoire le lendemain du Combat,* parcourant le champ de bataille et s'inclinant sur chaque tombe en y déposant des couronnes de laurier. Cette pensée a été traduite en bronze avec le talent supérieur de ce statuaire.

— Parmi les nombreux groupes exposés cette année, il en est un qui m'a péniblement impresssionné par la nature de son sujet... — Je devine! c'est celui de M. Samain, représentant des *Esclaves marrons en fuite surpris par des chiens,* des dogues dressés à la chasse de l'homme. Ce pauvre nègre et son fils, dévorés par ces chiens monstrueux, offrent, en effet, un spectacle d'autant plus navrant, qu'on sait le fait historique, qu'il existe encore aujourd'hui des pays où la civilisation autorise de pareilles horreurs. Si l'exécution de ce groupe est négligée dans quelques parties, elle a néanmoins de la verve, de l'énergie, et promet un statuaire d'un tempérament puissant. — C'est égal, cette scène est horrible; elle fait mal à voir. On s'arrête plus volontiers au groupe de M. Maindron, *Le Lion amoureux,* d'une poésie plus douce, ou au groupe de M. Doublemard, représentant *Le Génie du Nord,* sujet qui intéresse votre pays et le mien : la Flandre et l'Artois. Il paraît que c'est un piocheur ce M. Doublemard. Son monument du maréchal Moncey ne l'empêche pas de travailler pour nos expositions. Indépendamment du groupe dont je viens de parler, il a encore exposé un très-beau buste de M. de Saulcy. — Oui, ce buste est d'une ressemblance frappante et d'un modelé très-vivant. — Dans les sujets religieux, l'œuvre la plus importante et la plus remarquable me pourrait être la *Piéta* de M. Sanson. — Il est de fait que ce groupe est bien composé; la douleur profonde et résignée de la mère du Christ y est bien exprimée. C'est une œuvre traitée dans le sentiment du sujet.

— On ne saurait accuser la génération actuelle d'être ingrate envers les hommes qui ont honoré la France par leurs vertus ou leurs talents. — Non certes, le peuple n'est pas encore aussi démoralisé qu'on le voudrait; on a beau transformer l'histoire à la manière du père Loriquet, dénigrer tout ce qui s'est fait de bien et de grand sous les différents règnes et sous le règne actuel, se moquer du patriotisme populaire en le traitant de chauvinisme, le peuple ne peut rester indifférent aux grandes actions, aux grands talents, aux œuvres de génie, et avant peu d'années il n'y aura plus en France une seule ville qui n'ait à montrer avec orgueil, à l'émulation des jeunes générations, un monument élevé à la mémoire d'un illustre enfant de la cité. Lorsqu'en 1835 je m'exprimais ainsi : « Il est des hommes dont les arts ne de-
» vraient jamais se lasser d'offrir les traits à nos regards ;
» leurs images ne peuvent être trop multipliées ; il faudrait
» qu'elles se rencontrassent sur nos places, sur nos ponts,
» à l'entrée de nos palais, dans nos jardins publics, dans nos
» musées, dans nos bibliothèques, partout où il y a place
» pour des statues, pour des bustes, pour des peintures, car
» rien n'est plus propre que cette vue, pour inspirer aux
» hommes, aux jeunes gens surtout, le désir de s'illustrer
» dans les arts, dans les lettres, dans les sciences, ou par
» de grandes actions » Lorsque j'écrivais ces lignes, dis-je, je voulais réveiller l'enthousiasme engourdi par le régime de la Restauration, surexciter le sentiment patriotique, l'amour de la gloire et de la patrie. C'est ce que je n'ai jamais cessé de faire, et vous voyez que je n'ai pas tout à fait prêché dans le désert, puisqu'à chacune de nos expositions il y a des statues, des bustes en marbre ou en bronze reproduisant les traits de nos hommes célèbres, et destinés à nos places publiques, à nos musées ou à nos bibliothèques. Vous avez vu au Salon de cette année, des statues d'amiraux, de jurisconsultes, de savants et d'artistes ayant cette destination?

— Oui la statue de *l'amiral Duperré*, par M. Pierre Hébert, bronze destiné à la ville de La Rochelle, et celle de *l'amiral Protet*, exécutée par M. Auguste Barre pour la ville de Shang-Haï. Cet artiste expose aussi une jolie statuette de la princesse Mathilde ; ce portrait est-il ressemblant?—Très-ressemblant ; ici du moins on retrouve la distinction naturelle à Son Altesse Impériale. Cette statuette et le pastel de M. Eugène Giraud sont, de tous les portraits de la princesse, les deux meilleures que je connaisse. — Un de vos compatriotes, M. Gustave Crauk a exécuté pour la ville de Piérée-Buffières, la statue en bronze de *Dupuytren*. — Une bonne statue, d'un modelé bien supérieur aux deux précédentes. Les qualités du modelé de M. Gustave Crauk, vérité et finesse, se retrouvent surtout dans le *Portrait de M. le comte de Montalivet*, buste en marbre étudié avec un soin extrême. — La statue de *Dupin, procureur général à la Cour de Cassation*, par M. Emile Boisseau, est un portrait très-ressemblant... — Sans doute ; cependant je préfère à cette statue, celle de *La fille de Céluta pleurant sa fille*, par le même auteur ; elle est d'un modelé bien plus vrai. Parmi ces statues de nos illustrations, il y en a une, celle exécutée par M Etex, à laquelle je suis heureux de rendre justice, et c'est une occasion que je saisis avec d'autant plus d'empressement que, depuis longtemps, je n'aurais pu, sans mentir à ma conscience, adresser le moindre éloge à cet artiste. Cette statue de Ingres est d'un grand aspect, elle a un caractère antique ; on croit voir un sénateur romain sur sa chaise curule. M Etex a été bien inspiré en donnant, comme fond, à la statue de l'illustre peintre, un immense bas-relief reproduisant le chef-d'œuvre du maître, l'*Apothéose d'Homère*. On ne pouvait mieux compléter le monument de Ingres ni mieux honorer sa mémoire. — Les rois ne sont pas plus oubliés que les guerriers, les magistrats, les savants et les artistes.... — et c'est justice, monsieur, puisque la plupart ont contribué à la gloire de la France et au progrès de la civilisation, quoiqu'en disent les pères Loriquet révolutionnaires. La Statue de *François I*er, de M. Cavelier, n'est pas destinée à être érigée sur une place publique. Ce bronze sera placé dans la cour vitrée de l'hôtel de ville de Paris. Aussi M. Cavelier a-t-il étudié cette statue avec le soin qu'on apporte à une œuvre qui sera vue de près. Celle du *Roi Joseph Napoléon Bonaparte*, qui doit être élevée à Corte, a été traitée, avec raison, d'une manière plus décorative par M. Dubray, dont le modelé coloré convient parfaitement à la sculpture monumentale. — La statue équestre de *Louis XII*, destinée à la façade de l'hôtel de ville de Compiègne, m'a paru aussi bien monumentale. — M. Jacquemart a su mettre le style de cette statue en harmonie avec celui de l'architecture du monument pour lequel ce bas-relief a été commandé, qualité qu'on rencontre trop rarement, même chez les plus grands artistes. Témoin ce déplorable bas-relief de notre célèbre animalier M. Barye, la statue équestre de Napoléon III, au guichet du Louvre, en face du pont des Saints-Pères. — Oui, c'est une œuvre malheureuse, que dans l'intérêt de sa réputation, M. Barye devrait recommencer, car le cheval laisse autant à désirer que le cavalier, si mal affublé. — Il ne faut pas l'espérer; l'artiste arrivé à tous les honneurs se croit infaillible ; il est aveugle et satisfait; il n'a plus le souci de sa réputation. M. Daumas aîné n'en est pas encore là ; il a conservé son goût pour l'étude du cheval. Sa statue équestre représentant *Annibal montrant l'Italie à son armée*, est très étudiée et forme un groupe imposant ; le cheval est beau et très-savamment modelé. Avec cette statue, M. Daumas expose le buste largement modelé de *Gérin, premier imprimeur de Paris*, destiné à la bibliothèque Sainte-Geneviève.

Ne vous semble-t-il pas que les bustes sont moins nombreux qu'à nos anciennes expositions? — On le croirait : mais il suffit de comparer le livret du Salon de 1869 aux anciens livrets pour se convaincre qu'il n'en est rien. L'erreur vient de ce que la sculpture a fait des progrès considérables et que la généralité des bustes étant d'un mérite supérieur à ceux d'autrefois, on est moins choqué et par conséquent moins disposé à s'écrier qu'il y a trop de portraits. Du reste, cette année, plusieurs artistes renommés, n'ayant pu terminer à temps leurs grands travaux, n'ont exposé que des bustes. Ainsi, M. Guillaume, directeur de l'École impériale des Beaux-Arts, n'a envoyé qu'un buste en marbre, celui de *feu le docteur Michau*, très remarquable pour la science et la finesse du modelé ; M. Carpeaux aussi n'a que deux bustes où se révèle toute la fougue de son talent. le *portrait de M. Garnier*, architecte de l'Opéra, d'une ressemblance réelle, d'une physionomie vivante, et le buste d'une *Négresse*, d'une expression navrante, car cette corde qui lui froisse le sein et lui serre les bras derrière le dos, indique assez que la pauvre créature est l'esclave d'un négrier faisant la traite des noirs. — C'est en effet une belle étude que ce bronze. — Ce sont deux très beaux bustes en marbre, que ceux de M. Oliva : le *portrait de S. A. R. le prince des Asturies*, aux traits fins, à l'œil vif, et le *Portrait de Napoléon III*, pour le foyer du Vaudeville. Pour juger de la supériorité du talent de M. Oliva, il faut comparer ce buste de l'Empereur aux autres de Sa Majesté : c'est à ne pas croire qu'il s'agit du même personnage. Eh bien! croiriez-vous que, n'étant pas entièrement satisfait, M. Oliva a recommencé un autre buste de l'Empereur, bien plus ressemblant encore que celui exposé? Je l'ai vu à son atelier, ainsi qu'un buste de l'Impératrice, et j'ai été frappé du degré de ressemblance de ces deux bustes. Il n'y avait que quelques jours que j'avais eu l'honneur de voir de très-près Leurs Majestés à une fête donnée par la princesse Mathilde, de sorte que leurs traits étaient présents à mon souvenir. Ce seront, je crois, les bustes les plus vivants de Napoléon III et de l'Impératrice Eugénie. — J'ai remarqué aussi un petit buste plein de physionomie de mon ami *Sainte-Beuve*, par M. Chenillon. — C'est un ancien camarade d'atelier qui réussit à merveille les statuettes, les petits bustes, et celui de Ste-Beuve est plein de physionomie. Le buste de *Brascassat*, de M. Desprez, celui de *M. Eugène Dubarle*, de M. Godin, sont deux terres cuites bien vraies de modelé, et le buste en marbre du *général Dupuis*, de M. Dieudonné, est d'une exécution très-remarquable. — Vous parliez tout à l'heure des statuettes; j'en ai remarqué une de M. Granfils.... — Oui, celle de *Molière*, traitée en statuaire, d'une manière plus large et plus sérieuse que les statuettes ordinaires. M. Lequesne, occupé à sa colossale statue de Notre-Dame de la Garde de Marseille, et à son énorme groupe de Pégasse destiné au nouvel Opéra, n'a pu exposer qu'un joli buste en plâtre, *portrait de Mlle S...* — Le buste en plâtre exposé par votre compatriote M. Mousry, *portrait d'enfant*, est d'un modelé vrai et l'expression enfantine du regard heureusement rendue; la chevelure est touchée avec esprit. Son camarade, M. Mabille, à moins de fermeté, moins de couleur dans le modelé; il a surtout visé à la grâce dans son buste en plâtre, portrait de Mlle O... — Il faut convenir que le sujet y prêtait. Vous connaissiez M. Rouillard pour un de nos célèbres animaliers, n'est-ce pas? — Oui, mais j'ai trouvé de lui, au Salon, un charmant buste, le *portrait de Mlle R. le G.*, d'un modelé gras et fin tout à la fois. — Pourquoi n'apporterait-il pas le même talent à reproduire le corps humain qu'à copier les diverses races de l'espèce animale? Au cheval il faut un cavalier et il a dû naturellement mener de front l'étude de l'homme et celle des animaux, et il le prouve encore cette année. Quant à la *vache*, en bronze, qu'il expose, c'est une étude exécutée avec la science et l'habileté du maître.

— A propos des sculpteurs animaliers, est-ce que M. Barye aurait déjà renoncé à nos expositions? — Il faut espérer que non. Mais si, depuis quelques années, nos Salons ont été privés des œuvres de M. Barye, un autre maître, M. Mène, est toujours aussi empressé à soutenir l'honneur de l'école moderne, toujours aussi actif, aussi fécond qu'il y a vingt ans. Sa *Jument normande et son Poulain*, groupe en bronze, et son *Valet de chasse à cheval avec sa harde*, groupe en cire, sont d'un sentiment d'une extrême vérité, et modelés avec cette science, cette délicatesse d'exécution que tout le monde reconnaît à M. Mène. Le *Cheval percheron*, et la *Femme à cheval*, de M. Santa Colona, sont aussi deux cires modelées avec talent. Quant à M. Cain, il a l'habitude de ne traiter les animaux que de grandeur naturelle. C'est à lui que sont dus les lions du pavillon du Prince Impérial. Son groupe de cette année, *Tigre terrassant un Crocodile*, est bien composé, plein d'énergie, et largement modelé. M. Isidore Bonheur est le sculpteur de cette famille privilégiée, dont tous les membres ont du talent. Son groupe en bronze, *Lionne et ses petits*, et son groupe en plâtre, *Bœuf et Chien*, sont consciencieusement étudiés. *La mort du faon, cerfs de Cochinchine*, groupe en cire, de M. Emile Fournier, est un petit drame traité avec sentiment et talent.

— Les camées et les médailles sont plus nombreux, il me semble, depuis qu'on a créé à l'Ecole des Beaux-Arts l'enseignement de la gravure en médailles et pierres fines.—Je le crois, et c'est assez naturel, puisque cet art difficile, si utile à l'étude de l'histoire, est mieux encouragé. Les quatre belles médailles de M. Oudiné, sont consacrées à des membres de l'Institut. Ce sont les portraits de : *J.-D. Ingres*, commandé par le ministère de la Maison de l'Empereur; du *général*

Poncelet ; de *M. Mathieu,* en souvenir du cinquantième anniversaire de son entrée à l'Académie des sciences, commandés par la Commission des monnaies et des médailles ; et de *M. Gatteaux,* statuaire. Cette dernière médaille m'a surtout intéressé, parce que je connais M. Gatteaux, et le profil modelé par M. Oudiné est parfait ; c'est bien là cette physionomie spirituelle, ce regard fin, ce sourire un peu moqueur. M. Oudiné avait encore au Salon un joli buste d'enfant, marbre, et le portrait de M***, plâtre bronzé. La médaille de M. Ponscarme, offre aussi les traits d'un membre de l'Institut, le profil de *M. Joseph Naudet,* d'une exécution qui n'a pas la fermeté, la netteté des médailles ; elle est d'un modelé plus gras, plus flou, plus indépendant, comme celui qu'on emploierait pour un buste ou un médaillon ordinaire. Les médailles commémoratives sont naturellement en majorité, puisque c'est le but de cet art. M. Merley a exposé une *Médaille commémorative du voyage de l'Empereur en Algérie,* en 1865, et une médaille pour l'inauguration du *Pont viaduc d'Auteuil,* chemin de fer de ceinture, commandées par l'État ; M. Alphée Dubois, une médaille commémorative de la *Découverte de la centième planète,* commandée par la Commission des médailles ; M. Chabaud, deux médailles : la *Préfecture de Marseille* et *l'Industrie,* et deux statues lampadaires en bronze, *la Nuit* et *l'Etoile du soir,* pour l'extérieur du nouvel Opéra ; M. Tasset, une médaille de *la Bienfaisance secourant les malheureux,* commandée par la préfecture de la Seine, médaille qui a obtenu le prix de la princesse Mathilde au concours de gravure en médailles, ouvert par la Société libre des Beaux-Arts, comité central ; M. Chaplain, une médaille commémorative de l'Exposition universelle de....

— Paris !...

— Déjà arrivé.., — Mais oui, et sans nous en douter. — Avez-vous des bagages ? — Des bagages !... j'ai horreur des bagages ; je n'emporte jamais que cette valise.— Tant mieux ; nous n'aurons pas à attendre la visite de la douane. — Où descendez-vous ? — Hôtel Corneille, près du Luxembourg. — C'est mon quartier. — Tant mieux encore ; nous allons prendre une voiture et nous ferons route ensemble.

XIII

DE LA GARE DU NORD A L'HOTEL CORNEILLE

CONVERSATION SUR LE SALON DE 1869

Gravure à l'eau forte : MM. Delaunay, Rochebrune, Mlle Gabrielle Niel, MM. Jules Jacquemart, Gaucherel, Hirsch, Courtry. — *Gravure en taille douce :* MM. Henriquel-Dupont, Desvachez, Didier, Masson, Levasseur, Leroy, Haussoullier, Deveaux, Ed. Willmann, Calamatta, Flameng, Salmon. — *Gravure à la manière noire :* MM. Amédée Varin, Paul Girardet, Ballin, P.-P.-E. Allais. — *Gravure sur bois :* MM. Pisan, Guillaume, Alphonse Vien, Bertrand, Boëtzel, Perrichon. — *Lithographie :* MM. Soulange-Teissier, Emile Lasalle, Sirouy, Georges Bellenger, Léon Sabatier, Jacott.

En sortant de la gare du Nord, nous nous installâmes dans une voiture de remise en disant au cocher : — Nous vous prenons à l'heure.

— C'est bien, bourgeois !... où faut-il vous conduire ?

— Rue et hôtel Corneille, d'abord...

— Bon ! à l'autre bout de Paris et toujours tout droit, grommela notre homme en dirigeant sa voiture vers le boulevard Sébastopol.

— Voilà, dit notre ami, en allumant un cigare, voilà un voyage qui s'est effectué bien agréablement, en causant peinture, dessin, sculpture, gravure en médailles... — Oui, reprîmes-nous ; l'on irait comme cela, sans s'en douter, jusqu'au bout du Monde, et je crois qu'il s'en est fallu que d'une ou deux stations, pour que l'exposition des Beaux-Arts y passât tout entière, car il ne nous restait plus à parler que des gravures. — C'est cependant vrai. Nous n'avons dit mot ni des graveurs, ni des lithographes, dont les productions pourtant étaient plus nombreuses qu'aux précédents Salons. — Je le crois bien. Cette année la section de gravure et de lithographie a pris des proportions inaccoutumées. De 158 ouvrages, qu'elle comptait au Salon de 1867, elle est arrivée au chiffre de 236 en 1868, et elle atteint cette fois le nombre de 345 ouvrages inscrits au catalogue. Il est vrai que depuis quelques années, le goût de la gravure à l'Eauforte s'est propagé dans le monde des arts, avec la même fièvre que le goût des émaux et des faïences ; il n'y a pas un peintre qui n'ait essayé ce genre de gravure. Aussi nos aquofortistes ont-ils fait de grands progrès ; leurs œuvres rivalisent avec celles des meilleures époques. — En effet, j'ai vu au Salon des Eaux-fortes d'une vigueure et d'une transparance du clair-obscur, qu'il serait difficile de surpasser. Telles sont les cinq *Vues de l'ancien Paris*, par M. Alfred Delaunay ; la *Cour intérieure de l'hôtel de Cluny*, par M. Rochebrune ; l'*Eglise Saint-Julien-le-Pauvre*, par Mlle Gabrielle Niel. — Oui, et surtout la grande et magnifique planche de M. Rochebrune : la *Vue du grand escalier de François Ier*, dans la cour intérieure du Château de Blois, prise sous les arcades de l'aile de Louis XII, et la très-belle estampe de Mlle Niel : *Une vue de Constantine*. Ce genre de gravure se prête admirablement à toutes manières de dessiner, même pour les dessins reproduisant les objets les plus délicats comme les *Vases en cristal de roche, jaspe, etc.*, gravés par M. Jules Jacquemart, et d'un effet si vrai, d'une imitation si parfaite. — Ces six gravures ont été, je crois, commandées par le surintendant pour la chalcographie du

Louvre, et font partie de la curieuse collection des gravures des *gemmes et joyaux de la couronne conservés au Musée.* — Vos souvenirs sont exacts. — L'Eau-forte convient également aux portraits, et j'en ai remarqué deux, traités avec esprit par M. Gaucherel; ce sont ceux de *MM. Coquelin aîné et Coquelin cadet*, artistes de la Comédie-Française. — Vous avez raison; ils sont très-ressemblants et pleins de physionomie. Mais si la gravure à l'Eau-forte convient aux dessinateurs pour reproduire des études faites d'après nature, elle offre des difficultés lorsqu'on l'applique à la reproduction d'un tableau, qui réclame la sincérité du dessin et du coloris du maître que l'on copie. Ces difficultés ont été très-heureusement surmontées par M. Hirsch dans ses trois gravures : *L'Amour et la Mort*, d'après Goya ; *Une religieuse*, d'après M. Lonvin ; une *Tête de jeune fille*, d'après M. Ribot, trois peintures choisies avec intelligence et exécutées avec talent. Trois autres remarquables copies de tableaux ont attiré notre attention. Ce sont les Eaux-fortes de M. Courtry : *L'Almée*, d'après M. Gérôme ; *Un fumeur*, d'après Terburg; *Henriette d'Angleterre*, d'après Van-Dyck.

— Ne craignez-vous pas que cet engouement pour les Eaux-fortes ne détourne le goût public de la gravure en taille douce, ce grand art, l'une des gloires de l'Ecole française? — Heureusement non; grâce au surintendant qui, tous les ans, consacre une partie de son budget à encourager, par ses commandes, la gravure au burin. Chaque exposition nous en présente quelques-unes. Cette année a été favorable aux amateurs de belles gravures, ils ont trouvé au Salon une estampe attendue depuis longtemps : *Les disciples d'Emmaüs*, d'après Paul Véronèse, par M. Henriquel-Dupont. Si les personnes qui ne connaissent pas le tableau du Louvre trouvent que le ciel n'est pas à son plan et nuit à l'harmonie générale, nous féliciterons au contraire M. Henriquet de la conscience qu'il a apporté à rendre fidèlement la peinture de Paul Véronèse; c'est le but principal qu'un graveur doit se proposer d'atteindre. Au mérite de la sincérité, le célèbre graveur joint encore la fermeté du modelé et la limpidité des tailles. Cette planche est encore une commande de M. le comte de Nieuwerkerke, pour la chalcographie du Louvre. — La gravure de votre compatriote M. Desvachez, *l'apparition de Sainte-Scolastique à Saint-Bruno*, d'après Lesueur, lui a été aussi commandée pour la chalcographie du Louvre. — Oui, cet artiste a bien rendu le dessin sévère, la douce et sobre coloration de Lesueur, et sa planche sera l'une des plus remarquable de la collection du Louvre. Quatre autres planches commandées par le surintendant méritent encore d'être signalées, ce sont : le *Portrait d'Anne de Clèves*, d'après Holbein, par M. Adrien Didier; *Bacchanale*, d'après Poussin, par M. Masson ; *Portrait de l'Infante Isabelle*, d'après Van Dyck, par M. Levasseur; et *l'apparition de Saint-Pierre et Saint-Paul à Attila*, d'après le dessin de Raphaël, par M. Alphonse Leroy. — C'est un bon exemple que donne là M. le surintendant. — Aussi a-t-il été suivi par M. Haussmann, qui a commandé à divers artistes des planches pour l'intéressante publication entreprise par la Préfecture de la Seine, dans le but de reproduire les peintures murales exécutées dans les églises et monuments de Paris, sous le règne de Napoléon III. Plusieurs de ces gravures sont déjà terminées; celles exposées cette année, sont : *Saint-Louis de Gonzague refusant la couronne* et *Saint-Louis de Gonzague communiant*, par M. Haussouillier, d'après les peintures de M. Bezard, dans l'église Saint-Eustache ; *La Sainte-Vierge priée par les anges, Sainte-Catherine* et *Sainte-Ursule*, par M. Deveaux, d'après les peintures de M. Signol, dans l'église Saint-Eustache; et *l'Été*, par M. Willmann, d'après la peinture de M. Léon Cogniet, à l'Hôtel-de-Ville de Paris.

— Que pensez-vous de la gravure de feu Calamatta, la *Source*, d'après Ingres ? Elle me plaît moins que celle gravée par M. Flameng. — Oui; Calamatta, Flameng, voilà deux maîtres qui, cette fois, sont inférieurs à eux-mêmes. La *Source*, de Calamatta, ne vaut pas celle de M. Flameng ; elle n'en a ni le charme, ni le modelé gras et suave ; et la *Stratonice*, d'après Ingres, qu'expose M. Flameng, est également inférieure à sa Source, qui restera son chef-d'œuvre. — J'ai encore remarqué une estampe d'un bon burin, le *Christ*, d'après Henri Scheffer... — par M. Salmon, un graveur de talent, qui a su rendre l'admirable expression de la tête du Christ.

— Des différents genres exposés, la gravure à la manière noire me paraît la moins bien représentée. — En effet, ce genre semble un peu abandonné. Il compte cependant quelques œuvres remarquables, telles que les *Deux Amis*, par M. Amédée Varin, d'après H. Bellangé; l'*Enfant prodigue*, par M. Paul Girardet, d'après M. Edouard Dubufe; *Avant l'attaque*, par M. Ballin, d'après M. Protais, et la *Cour de Laurent de Médicis*, par M. P.-P.-E. Allais, d'après M. de Keyser.

— Si la manière noire est un peu démodée, il n'en est pas de même de la gravure sur bois; elle a réalisé de véritables progrès. — C'est vrai. Longtemps repoussée de nos expositions comme indigne d'y figurer, la gravure sur bois y occupe une place honorable. — J'ai vu de bien jolies épreuves gravées par M. Pisan. — Oui, des dessins de M. Gustave Doré d'un effet vigoureux. Les deux gravures de M. Guillaume, pour l'*Histoire des Peintres*, ne sont pas moins remarquables. L'une est la *Mise au Tombeau*, dessin de M. Bocourt, d'après le tableau de Quentin Matsys; l'autre, l'*Affection maternelle*, dessin de M. Paquier, d'après Mme Viger-Lebrun. — Le portrait exposé par M. Alphonse Vien a la fermeté et la finesse d'une gravure au burin. — Dame! c'est que le neveu du maître de David a le sentiment de son art, et qu'il sait dessiner, ce que bien des graveurs sur bois ont négligé d'apprendre. A la manière dont un dessin est interprété par le graveur, on voit de suite s'il est dessinateur ou s'il n'est qu'un coupeur de bois. Mais, il faut le dire, l'éducation artistique est plus répandue qu'autrefois; elle est la principale cause des progrès acquis aujourd'hui; on en trouve encore la preuve dans les gravures de MM. Bertrand, Boëtzel, Perrichon et autres exposants.

Comme la gravure à la manière noire, la lithographie n'attire plus l'attention publique. — Mon Dieu, non; le burin, autrefois négligé pour le crayon lithographique, a repris son rang, sans cependant que la lithographie ait cessé d'être digne de son passé. Nos artistes lithographes luttent vaillamment contre un caprice de la mode, ils maintiennent leur art à la hauteur des progrès et du goût de notre époque. Les maîtres qui ont précédé M. Soulange-Teissier n'ont pas produit d'œuvres supérieures à celles exposées par lui, cette année. Ses *Bœufs noirs d'Auvergne*, et son *Bélier méri-*

nos, d'après Mlle Rosa Bonheur, sont d'un crayon large et gras, qui rend admirablement la peinture de la célèbre artiste. — La *Source*, de Ingres, par M. Emile Lassale, est aussi une belle lithographie. — Elle a presque le charme de la gravure de M. Flameng, par la délicatesse du crayon et la pureté du dessin. Le tableau de Prud'hon, *Vénus et Adonis*, de la collection de M. Marcille, n'a pas été moins bien interprété par le suave et vigoureux crayon de M. Achille Sirouy, et l'habileté de M. Georges Bellenger a su rendre la grâce et l'élégance des galantes compositions de notre Watteau! — Il est de fait que l'habileté du crayon lithographique est poussée très-loin dans la *marine* de M. Léon Sabatier, d'après M. Isabey, dans les *Sept Péchés capitaux*, de M. Jacott, d'après les dessins de M. Yvon, et dans...

— Hôtel Corneille, bourgeois !

— Vous voilà à destination. Que faites-vous ce soir ?

— Rien.

— Voulez-vous me permettre de vous offrir à dîner chez Magny ? Nous finirons ainsi la journée ensemble.

— J'accepterais volontiers, mais j'ai donné rendez-vous à un neveu...

— Raison de plus pour accepter ; j'aurai le plaisir de faire sa connaissance. C'est convenu, je viens vous prendre vers six heures... au revoir. Maintenant, cocher, rue Bréa n° 5.

Et en deux minutes nous fûmes rendu chez nous.

XIV

CHEZ LE RESTAURATEUR MAGNY

CONVERSATION SUR LE SALON DE 1869

Architecture : MM. Constant Moyaux, Batigny, Hardy, Loué, Rousseau, Trilhe, Darcy, Farochon, Bérard, Vionnois, Roederer, Maréchal, Perrin, Lehoux, Boileau fils, Leroux, Salard, Calinaud, Baraban, Hénard, Baudot, Dupire, Hédin, de Perthes.

Vers six heures, nous allâmes, ainsi qu'il était convenu, prendre notre nouvel ami à son hôtel. Il nous attendait et nous dit : — Partons, mon neveu viendra nous rejoindre chez Magny ; il connaît la maison.

Et nous nous rendîmes chez le restaurateur. A peine étions-nous installé dans le petit salon du premier, que nous avions retenu en allant à l'hôtel Corneille, que le neveu de notre ami arriva.

— Mon neveu, que je vous présente, mon cher Monsieur ; un jeune architecte qui a obtenu quelques succès à l'Ecole impériale des Beaux-Arts. — Monsieur, enchanté de faire votre connaissance ; de qui êtes-vous élève ? — De M. Constant Dufeux. — Excellent professeur que je connais. — Mon cher neveu, figure-toi que pendant le trajet d'Arras à Paris, nous avons passé en revue le Salon de 1869, peinture, dessin, sculpture, tout enfin... — Pardon, pardon ! reprîmes-nous ; pas tout le Salon. Nous n'avons pas parlé de l'architecture. — C'est vrai, c'est la faute de ce train express qui va comme le vent. — Vous avez visité l'exposition d'architecture... n'est-ce pas qu'elle était intéressante ? — Très-intéressante, pour moi surtout ; c'était un véritable enseignement. — Oui, vous y avez trouvé des travaux très-variés et très-consciencieux, de savants projets pour la restauration de nos monuments publics de toutes les époques.

— Mon neveu a attiré mon attention sur les œuvres de deux de vos compatriotes ; il m'a fait l'éloge du talent de dessinateur que révèle la série d'études d'architecture faites à Venise et en Sicile par M. Moyaux ; il a surtout loué le projet de restauration de l'*Hôtel-de-ville de Valenciennes*, exposé par M. Batigny. — C'est en effet un projet d'un très-beau caractère et d'un style élégant, qui rappelle autant que possible l'aspect primitif de l'ancien monument. M. Batigny a eu le bon esprit de conserver les grandes lignes et l'ensemble de la sculpture décorative de notre vieil Hôtel-de-ville, qu'il a complété par un grand motif central, par un gracieux campanille, et par deux charmantes tourelles placées aux extrémités de la façade. Car ce n'est pas une restauration, mais une reconstruction de la façade du vieil édifice que l'on a entrepris. — Mais, vous-même n'avez-vous pas, dans le temps, travaillé à la restauration de ce monument ? — Oui, Monsieur, il y a une trentaine d'années. — C'est cela ; mes souvenirs ne me trompent pas. J'ai lu à ce propos, dans *L'Impartial du Nord*, une anecdote qui vous concerne. Je ne sais si elle est exacte. Voici ce qu'on disait :

« En 1837, M. Louis Auvray était allé passer quelques jours dans sa famille à Valenciennes. Un matin il arrive chez l'architecte de la ville, M. Pétiaux, qu'il trouve dessinant une façade : — « Tu vois, mon cher ami, je suis en

» train de niveler la façade de l'hôtel-de-ville, dont les
» sculptures tombent en ruines. — Comment réplique M. Au-
» vray, le seul monument que les boulets ennemis aient
» laissé debout, le seul qui ait encore un aspect un peu mo-
» numental, pourquoi lui enlever ce reste de cachet histo-
» rique ? — Il le faut bien, puisque nous n'avons pas d'ar-
» gent pour refaire les sculptures, à moins que tu ne veuilles
» t'en charger gratuitement. — Ma foi j'aimerais pres-
» qu'autant cela que de ne plus reconnaître la physionomie
» de notre hôtel-de-ville, quand je reviendrai à Valencien-
» nes. — Voyons, mon cher, décide-toi, fais cela pour ton
» pays. Je te fournirai la pierre, le plâtre, la terre glaise,
» c'est tout ce que je puis faire. Eh bien, c'est convenu;
» laisse-là ton tire-ligne, j'accepte. » Et M. Auvray consa-
cra une année à refaire seul les 17 cariatides et les mascarons de la façade de l'hôtel-de-ville de Valenciennes..... »

— C'est très-vrai... — Ce n'est pas fini, reprit notre ami ;
le journal continuait ainsi :

« Dans le cours de l'exécution de ces sculptures, l'architecte offrit, comme manœuvre à M. Auvray, un jeune
homme si chétif que, malgré ses dix-neuf ans, il ne parais-
sait en avoir que dix a douze. L'artiste était prêt à le refuser
comme trop faible pour l'aider dans ce travail ; mais il avait
l'air si souffrant, si malheureux, qu'il en fut touché et le
garda. Pendant la durée des travaux le pauvre garçon fut si
bien traité par l'artiste qu'il ne pouvait songer sans terreur
au jour où, son maître retournant à Paris, il allait retrouver
comme autrefois, les mauvais traitements et les travaux pé-
nibles de tous genres. Cependant le jour si redouté, le jour
de la séparation arriva, mais l'infortuné pria tant et si bien
que M. Auvray n'eut pas la force de le refuser ; il consentit à
l'emmener avec lui. En effet, après avoir payé une légère in-
demnité aux parents du jeune homme qu'il tirait de la mi-
sère, après l'avoir vêtu d'une manière plus convenable, ils
partirent tous deux pour Paris, le jeune ouvrier au comble
de la joie, et le statuaire méditant sur l'avenir de son pro-
tégé. C'est aujourd'hui un des praticiens employés par nos
sculpteurs. »

— C'est encore très-vrai. Le père de ce pauvre garçon
était un ouvrier maçon qu'on avait baptisé du nom de *Belle*

Mouche, titre d'une chanson qu'il disait étant en ribote et d'une voix tellement puissante qu'il faisait vibrer les vitres du cabaret. Ma connaissance a porté bonheur à cette famille, dont le plus jeunes des enfants a été recueilli par un de mes frères qu'il n'a quitté que pour venir travailler à Paris. Il a épousé la fille de son patron, et il est maintenant un des bons carrossiers du quartier des Champs-Elysées. Vous voyez ce que peut faire le hasard. — Mais, j'espère qu'on a pensé à vous pour les sculptures de la nouvelle façade de votre Hôtel-de-Ville. — Je savais qu'on reconstruisait cette façade, mais je ne soufflai mot des sculptures, voulant voir si l'on se souviendrait de ce que j'avais fait. Un jour enfin M. Batigny, que je ne connaissais pas, m'écrivit pour m'offrir de faire pour cette façade des cariatides et des mascarons selon ses plans, ce que j'acceptai. Le jeune architecte n'avait pas oublié mes antécédents ; j'ai été touché de ce procédé que je n'oublierai pas non plus. En étudiant les dessins de M. Batigny, et en reportant mes souvenirs à l'ignorance des architectes de l'Empire et de la Restauration qui ont si affreusement défiguré nos anciens monuments, sous prétexte de les restaurer, je songeais à tous ces jeunes critiques qui n'ont aucune notion pratique des arts et qui crient à la décadence, tandis qu'à aucune époque on a fait preuve de plus d'érudition, de plus de goût qu'à la nôtre Voyez les admirables restaurations de Notre-Dame par M. Violet-le-Duc, de Saint-Germain-des-Prés, de Saint-Leu, et autres églises par M. Baltard, jamais ces églises n'ont eu cette harmonie de style, cet ensemble décoratif qu'on leur donne de nos jours Bâties par morceaux et en plusieurs siècles, nos vieux édifices portaient les traces des différents styles de ces diverses époques et ressemblaient un peu à l'habit d'arlequin. Cette logique introduite dans les arts n'appartient qu'à notre époque et ne sera pas son moindre titre de gloire.

— Bravo! fit notre jeune architecte. C'est rendre justice à a nouvelle école. — Oui, mais dont les germes datent de 1830. Vos maîtres étaient les libres-penseurs de cette époque-là, et je retrouve leurs sages doctrines dans les nombreux projets exposés : la Restauration de l'église de Cunault (Maine-et-Loire), par M. Hardy ; Restauration de l'église Saint-Pierre, à Aivrault (Deux-Sèvres), par M.

Loué ; Restauration de l'église de Saint-Saturnin (Seine), par M. Rousseau (Paul) ; Restauration du château de Montbrison (Tarn-et-Garonne), par M. Trilhe ; Restauration du château de Vitré (Ile-et-Vilaine), par M. Darcy ; Restauration du donjon de Chamboy (Orne), par M. Paul-Amédée Farochon ; Restauration de la tour de Jean-sans-Peur, à Paris, par M. Bérard, toutes études consciencieusement traitées dans le style propre à chacun de ces monuments.

— Les projets d'églises étaient très-nombreux au Salon. Presque tous les architectes qui ont pris part au concours ouvert à Lille pour la construction d'une *Eglise sous le vocable de Saint-Michel*, ont envoyé leur rendu à l'exposition. J'en ai compté onze et dans des styles différents. Ainsi, parmi les plus remarquables, le projet de M. Batagny était Renaissance dans le genre de Saint-Eustache et de la Trinité, et celui de M. Vionnois était dans un style Roman. — Du reste, il paraît que le Roman est le style à la mode en ce moment, si j'en juge par les églises en construction à Paris. — Aussi a-t-il été adopté par plusieurs des concurrents. Entre autres pour le projet de M. Rœderer et celui de M. Maréchal auxquels on reproche un dessin un peu lourd. M. Perrin s'est un peu inspiré de l'église Saint-Augustin, par la multiplicité de chapelles cylindriques qu'il n'a pas su relier avec autant d'art que M. Baltard. Quand à M. Lehoux, son projet est un mélange de Roman, de Gothique et de Renaissance, et M. Boileau fils semble toujours à la recherche de son architecture nouvelle, car, en voyant ses dessins, on ne sait s'il a voulu faire du Roman, du Gothique ou de la Renaissance. Ce qu'il y a de certain c'est qu'il a produit un édifice d'un aspect lourd. Le projet style Renaissance de M. Leroux est plus heureux d'aspect, mais le plan de cette église laisse bien à désirer. Les projets de MM. Salard, Calinaud, Baraban et Hénard méritent encore d'être cités comme des rendus bien dessinés.

— Je vois avec plaisir que vous vous appliquez à l'étude des œuvres exposées par vos camarades ; c'est un excellent enseignement. En dehors des projets pour l'église mise au concours à Lille, le Salon avait encore quelques remarquables projets d'églises : Un projet très bien dessiné de l'*Eglise de Rambouillet*, en cours d'exécution, par M. Baudot, qui cherche, comme M. Baltard, à introduire dans l'architecture l'emploi du fer et de la fonte avec la pierre et la brique. C'est le problème moderne. — Avez vous remarqué le projet d'*Hôtel de Ville*, avec tribunal de Commerce et Musée pour la ville de Roubaix, projet bien conçu et bien rendu par M. Dupire ? et un autre projet d'*Hôtel de Ville* pour la ville du Mans, non moins bien dessiné par M. Amédée Hédin ? — Oui, et je me suis arrêté aussi au projet d'hôpital pour la ville de Brest, par M. de Perthes, qui a distribué ses pavillons comme ceux de l'hôpital Lariboisière, sans cependant en imiter le style. Il a préféré le gothique...

Maintenant que nous voilà au dessert, et pour clore cette causerie artistique, je propose de boire aux succès de votre neveu et à la mémoire du grand architecte artisien, Alexandre Grigny, dont votre neveu sera un jour l'émule.

— A Grigny !! s'écrièrent en se levant les deux artisiens.

— Au progrès ! aux succès de votre jeune architecte !! répliquâmes-nous en trinquant et en vidant notre verre.

Commencée en wagon, cette conversation sur le Salon s'est terminée à table. On ne saurait mieux finir, dira notre célèbre confrère Théophile Gautier.

XV

DISTRIBUTION DES RÉCOMPENSES

AUX ARTISTES EXPOSANTS AU SALON DE 1869, AUX ÉLÈVES DE L'ÉCOLE IMPÉRIALE DES BEAUX-ARTS ET AU LAURÉAT DU GRAND PRIX DE L'EMPEREUR.

N'ayant pu assister cette année à la distribution des récompenses, nous empruntons au *Journal Officiel* le compte rendu de cette solennité.

Vendredi 13 août, à une heure, dans le grand salon du Louvre, a eu lieu une cérémonie solennelle.

Le maréchal Vaillant, ministre de la maison de l'Empereur et des beaux-arts, venait proclamer, en séance publique, le nom du lauréat du grand prix de l'Empereur et présider la distribution des récompenses accordées aux artistes à la suite de l'exposition annuelle de 1869, aux élèves de l'École des beaux-arts lauréats du grand prix de Rome, et aux élèves de l'École qui ont obtenu des médailles dans les concours de l'année.

Le ministre était accompagné de M. Alphonse Gautier, conseiller d'Etat, secrétaire général du ministère et de M. des Chapelles, sous chef de son cabinet.

A son arrivée au Louvre, au seuil du pavillon Denon, le maréchal Vaillant a été reçu par le comte de Nieuwerkerke, sénateur, surintendant des beaux-arts, assisté des inspecteurs généraux des beaux arts, de M. Lenoir, membre de l'Institut, secrétaire de l'Ecole des beaux-arts, et de M. le marquis de Chennevières, conservateur au musée du Louvre, chargé du service des expositions.

Les membres de la commission à qui avait été dévolu le soin de décerner le grand prix de l'Empereur, ceux du jury de l'exposition, du jury de l'Ecole des beaux-arts, les membres du conseil supérieur et les professeurs de l'école, ainsi que les fonctionnaires supérieurs des musées impériaux et des beaux-arts, étaient placés à droite et à gauche de l'estrade d'honneur qui avait été disposée dans le grand salon carré faisant face au tableau des *Noces de Cana* de Paul Véronèse.

La mort, qui vient de frapper si prématurément M. Tournois, laissant vacant le siège du chef de la division des beaux-arts; et M. Guillaume, directeur de l'Ecole des beaux-arts, empêché par un grand deuil, n'assistait point à la cérémonie.

Le surintendant ayant ouvert la séance, le maréchal Vaillant a prononcé le discours suivant :

« Messieurs, l'année qui s'est écoulée prendra rang parmi les dates précieuses dont nous aimons avec vous à garder le souvenir : nous l'inscrirons à l'une des meilleures places, dans ces belles annales de l'art contemporain, dont elle contribuera pour sa part à entretenir et augmenter l'éclat.

» Si, dans nos précédentes réunions, j'ai parfois signalé à votre attention des tendances contre lesquelles je croyais devoir vous prémunir, aujourd'hui je suis heureux de me faire l'écho de l'opinion générale, qui a proclamé la supériorité du salon de 1869. Jamais, en effet, plus d'efforts n'ont été dirigés du côté du grand art, et, au moment de décerner les médailles d'honneur, vos juges ont pu être arrêtés, plutôt par l'embarras du choix que par la pénurie de compositions dignes de ces récompenses.

» Pour répartir les autres récompenses, la difficulté était au moins égale, en présence d'une abondance exceptionnelle d'œuvres méritantes, traités avec une science irréprochable par les statuaires et les peintres d'histoire, avec une grande habileté de mise en scène par les peintres de genre, avec un sentiment profond de la nature par les paysagistes, et une expérience accomplie par les graveurs et les lithographes.

» C'est donc pour nous, messieurs, un jour doublement heureux que celui où se constatent d'aussi beaux résultats et où je vois grandir et s'élever des artistes qui promettent de continuer les glorieuses traditions de leurs devanciers, dont les rangs s'éclaircissent malheureusement chaque jour.

» Cette année votre Ecole a fait encore des pertes bien regrettables. Deux maîtres d'un grand mérite, Huet et Hesse, nous ont été ravis; nous devons un hommage à leur mémoire.

» Le nom de Paul Huet rappelle à vos esprits la voie heureuse suivie par le paysage français depuis un demi-siècle. Il fut un de ceux qui portèrent les premiers coups aux conventions trop longtemps subies; sans autre autorité que sa propre passion pour les beautés des ciels, des forêts et des eaux, dès 1822, il s'efforçait de ressusciter la nature dans l'art, et ses premières créations sont contemporaines de l'époque de la renaissance du paysage. Déjà, l'an dernier, en louant devant vous l'œuvre de Théodore Rousseau, je rendais justice à ce genre qui sera l'un des titres de l'école moderne aux éloges de la postérité. Huet en a conservé jusqu'au dernier jour la grande et sainte tradition.

» C'est dans une autre partie de l'art que Nicolas-Auguste Hesse s'est illustré. Le nom de Hesse avait été dignement porté par toute une famille de peintres. Celui dont nous déplorons la mort était élève de Gros et de son frère aîné, habile miniaturiste. En 1818, après avoir suivi les cours de l'Ecole des beaux-arts, il remporta le prix de Rome. Hesse a consacré un talent sévère et sobre à la peinture d'histoire et à a peinture religieuse. Aussi, ne faut-il pas chercher la liste de ses œuvres dans les catalogues de nos expositions.

» C'est dans les monuments publics, et surtout dans les

chappelles de nos églises, qu'il a déployé les savantes qualités de son pinceau. Des vitraux, des peintures murales, des tableaux décoratifs en grand nombre, à Sainte-Clotilde, à Saint-Eustache, à Notre-Dame-de-Lorette, et, dans un autre ordre, à l'hôtel de ville de Paris, témoignent de l'activité de cet artiste éminent. L'Académie des beaux-arts attentive aux manifestations élevées, lui avait ouvert, en 1863, les portes de l'Institut. L'œuvre d'Auguste Hesse lui assigne un rang distingué dans vos annales.

» Permettez-moi, messieurs, d'associer à ces regrets publics le nom de M. Tournois, chef de la division des beaux-arts, que mon administration vient de perdre. Vous l'avez tous connu ; vous avez apprécié, comme nous cette vie consacrée tout entière au travail et au devoir.

» Le maître que vous aimez, jeunes élèves de l'Ecole des beaux-arts, a été, lui, aussi, récemment frappé dans ses affections les plus chères; sa douleur le tient éloigné de cette solennité, mais sa pensée vous suit, croyez-le bien, au moment où vous allez recevoir les premières récompenses de votre carrière d'artistes.

« Les feux de l'aurore, a dit Vauvenargues, ne sont pas si doux que les premiers regards de la gloire. » C'est pour la jeunesse que cette gracieuse pensée a été écrite, et j'aime à vous la rappeler. Que ces applaudissements qui vont répondre pour la première fois à l'appel de votre nom soient pour vous les premiers regards de la gloire et qu'ils vous fassent aimer le travail énergique et résolu ; c'est la voie que les grands artistes ont suivie, et nous ne doutons pas que plus d'un parmi vous ne prenne, dès aujourd'hui, la résolution de conquérir aussi les récompenses qui vont être décernées à vos aînés et ce grand prix de l'Empereur dont il me reste, messieurs, à vous entretenir.

» Par une heureuse coïncidence qui ne vous a pas échappé, la pensée du Souverain s'est réalisée au moment où s'achèvent la plupart de ces grands travaux qui ont été entrepris depuis son avènement au trône, et que son règne léguera à vos enfants. Le palais des Tuileries et du Louvre, le palais de Justice, l'Eglise de la Trinité, la Bibliothèque impériale, les Halles, l'Hôtel-Dieu, l'Opéra, le muséum de Marseille, l'église Saint-Ferdinand de Bordeaux, Notre-Dame de Paris, les châteaux de Pierrefonds et de Blois, ont été construits, agrandis ou restaurés.

» Ces travaux ont ouvert entre vous le concours le plus propice à la manifestation de tous les talents, et le grand prix de l'Empereur vient aujourd'hui signaler, à l'heure opportune, la coopération des beaux-arts dans ces créations si diverses qui seront la gloire commune et du prince qui les a ordonnées, et de ceux d'entre vous qui y ont attaché leur nom.

» Vous avez tous présent à l'esprit le décret du 12 août 1864.

» Conformément à ces dispositions, une commission composée de trente membres, dont un tiers pris dans le sein de l'Académie des Beaux-Arts, s'est réunie. Rien n'a coûté à son zèle pour remplir la tâche difficile qui lui avait été confiée: elle s'est rendu compte de tout, et quelques-uns de ses membres ont dû parcourir nos provinces pour étudier certaines œuvres que la notoriété avait désignées à son attention. C'est après cet examen, aussi approfondi qu'impartial, que la commission a rendu son jugement, auquel s'est associée avec empressement l'opinion des artistes et du public.

» Messieurs, lorsque je venais en 1864 vous faire connaître le décret de l'Empereur, portant création d'un prix de cent mille francs à décerner cinq années plus tard, je ne pouvais guère espérer, en pensant à mon âge et aussi à l'instabilité des situations officielles, que je serais appelé à en assurer l'exécution.

» Je remercie la Providence et l'Empereur d'avoir permis que je fusse témoin de la lutte glorieuse dont ce prix a été l'objet et de la victoire de celui dont le nom sera tout à l'heure proclamé. »

Cette suite d'hommages rendus à la mémoire des hommes éminents dont la mort a frappé le monde des arts depuis un an, ces généreux éloges, ces fermes conseils adressés aux artistes militants et à ceux qui entrent à peine dans la carrière ont été accueillis avec les témoignages de la plus vive et de la plus respectueuse gratitude par la nombreuse assemblée qui occupait le salon carré. Aux dernières phrases de ce discours, notamment lorsque, d'une façon si touchante le ministre s'est félicité d'avoir pu proclamer le premier lauréat de ce grand prix de l'Empereur, dont il avait lui même annoncé la fondation dans une cérémonie semblable il y a cinq ans (*grade ævi spatium*), l'assistance a exprimé par un redoublement de manifestation sympathique la part qu'elle prenait elle-même à l'émotion de l'illustre maréchal.

Le surintendant des beaux-arts, en l'absence du directeur de l'Ecole, a pris ensuite la parole et rendu compte en ces termes des travaux, des progrès et de la situation de l'Ecole des beaux-arts :

« Monsieur le maréchal, un deuil récent bien douloureux, auquel nous nous sommes tous associés, éloigne de cette solennité M. le directeur de l'Ecole des beaux-arts. Je viens à sa place jeter un coup d'œil rapide sur l'établissement dont il vous a plusieurs fois ici fait connaître les tendances et les progrès, et donner, en quelques mots, une idée des développements qu'a pris cette grande institution pendant l'année qui vient de s'écouler.

» Le double but que l'on se propose dans l'enseignement de l'Ecole des beaux-arts est de fournir aux artistes une instruction étendue et d'exciter leur émulation : rien n'est épargné pour y réussir. Messieurs les professeurs, je leur dois ce témoignage public, rivalisent de zèle et d'abnégation. Tandis que les uns, artistes illustres, forment les élèves à la pratique de l'art, les autres, savants éminents, chargés de cours réglementaires ou facultatifs, font les efforts les plus heureux comme les plus désintéressés pour initier cette jeunesse aux sciences sans lesquelles les œuvres d'art seraient dénuées de vraisemblance et même de raison d'exister.

» Leçons préparatoires et complémentaires en dehors du programme ; conférences offertes pendant l'intervalle des cours ; théories ou démonstrations des règles de l'esthétique à propos des écoles et des chefs-d'œuvre ; études sur l'homme faites au point de vue de l'art ; longues séances organisées pour animer les costumes des anciens et faire vivre l'histoire et l'archéologie ; tout est mis en œuvre pour intéresser les esprits, pour les élever, et faire échapper la génération qui s'avance au plus grand péril qu'elle puisse courir en ce temps : celui de ne voir dans l'art que le côté matériel.

» Les élèves répondent avec une activité croissante au dévouement dont ils sont l'objet. Depuis sa fondation, l'Ecole des Beaux-Arts est en quelque sorte un champ clos dans lequel des récompenses sont proposées à l'émulation des jeunes artistes. Des concours de plus en plus nombreux affermissent le caractère traditionnel de l'institution. Ils sont suivis avec une vive ardeur.

» Cette année, nos jeunes peintres ont produit de bonnes études d'après nature; les travaux des sculpteurs ont, à différentes reprises, mérité les témoignages de satisfaction du jury. Le concours de construction s'est élevé à une hauteur à laquelle il n'avait pas encore atteint. Jamais les récompenses n'ont été mieux méritées. Mais, dans ce sens, le fait le plus important qui se soit produit est la délivrance du diplôme, créé par le récent règlement, en faveur des élèves de la première classe d'architecture. On s'était toujours étonné que, contrairement à ce qui se fait ailleurs, l'Ecole des Beaux-Arts ne donne ni certificats d'études, ni diplômes à ses jeunes architectes. Beaucoup de bons esprits demandaient la création de ce titre comme la sanction nécessaire de l'enseignement, comme un acte de justice, et même comme une garantie professionnelle. Des diplômes ont été donnés cette année pour la première fois. Une incontestable capacité fut exigée des candidats soumis à des épreuves diverses et d'un caractère pratique. Ils ont été examinés par les juges les plus compétents. On peut dire, dès à présent, que le diplôme a un avenir légitime et devient un digne objet offert à l'émulation des élèves architectes.

» L'Ecole, cette année, grâce au zèle éclairé, au dévouement constant de son éminent directeur, a vécu d'une vie active, saine et progressive; elle recevra bientôt un nouvel accroissement, par l'ouverture d'un cours d'histoire de l'architecture. Mais, monsieur le maréchal, il y a dans l'Ecole des Beaux-Arts autre chose encore que la préoccupation de venir en aide d'une manière exclusive à la jeunesse; il y a aussi en elle l'ambition de servir l'art à tous ses degrés. C'est au sein de l'Ecole qu'a pris naissance une pensée dont les effets se feront sentir bien au-delà de la sphère qu'elle semble embrasser : je veux parler de la publication d'une Bibliographie des Beaux-Arts, ouvrage vraiment didactique dans lequel les matières seront classées méthodiquement, et qui est destiné à faciliter aux artistes les recherches que le développement des études historiques leur a rendues indispensables. L'honneur de ce travail, qui va bientôt paraître, revient au savant bibliothécaire de l'Ecole des Beaux-Arts. Il fallait, pour le mener à bien, son érudition profonde, une vie comme la sienne, consacrée aussi bien à l'étude des monuments qu'à celle des travaux dont ils ont été l'objet en France et à l'étranger. Votre administration, monsieur le maréchal, aura le mérite d'avoir assuré l'exécution d'une œuvre aussi utile et qui est le cadre véritable d'une bibliothèque classique des Beaux-Arts.

» D'ailleurs, cette idée de faire un corps de tous les documents vraiment nécessaires à l'étude de l'art, préside à la formation des nombreuses collections de l'Ecole. Cet établissement se trouve ainsi destiné à renfermer, non-seulement tout ce qui peut servir aux études de la jeunesse, mais à être un centre, un foyer auxquels les artistes trouveront réunies un jour toutes les ressources dont leurs travaux, infiniment variés, ont un besoin incessant. En rapprochant ces faits des encouragements donnés par l'Etat, on comprendra mieux la sollicitude de l'administration pour les arts, et l'on se fera une idée du patronage que l'Empereur se plaît à exercer sur eux, et dont on ne saurait sans injustice méconnaître la grandeur. »

Après les applaudissements qui ont accompagné ce discours et quand le silence a été rétabli, il a été immédiatement procédé à la distribution des récompenses dans l'ordre suivant : d'abord les médailles de l'Ecole des Beaux-Arts, les grands prix de peinture, sculpture, architecture et gravure en médailles et pierres fines, les médailles accordées aux artistes à la suite du Salon de 1869, les médailles d'honneur, les promotions et nominations dans l'ordre impérial de la Légion d'honneur.

Chacun des élèves et des artistes proclamés venait, à l'appel de son nom, recevoir sa récompense des mains du grand maréchal, au bruit des applaudissements de l'assistance.

Après la remise des décorations, le surintendant des Beaux-Arts a annoncé le grand prix de l'Empereur.

Le maréchal s'est alors levé et a dit :

« Avant de proclamer le nom, qui est d'ailleurs dans toutes les bouches, je dois vous faire connaître que l'Empereur a été heureux d'apprendre le résultat des délibérations de la commission. Dans la vivacité de la lutte, dans le nombre des concurrents, Sa Majesté a trouvé la preuve que le grand art en France ne dégénérera pas.

» L'Empereur a voulu qu'indépendamment du prix de 100,000 francs, une médaille fut offerte au vainqueur en souvenir des glorieux suffrages qui lui ont été donnés par ses pairs. C'est cette médaille que je remets à M. Duc. »

Après ces paroles, le lauréat, M. Duc, s'est avancé, et le maréchal lui ayant donné l'accolade, lui a remis une grande médaille d'or, portant d'un côté l'effigie de l'Empereur et de l'autre cette inscription :

Décret du 12 novembre 1864

GRAND PRIX DE L'EMPEREUR

M. DUC 1869.

De longues acclamations ont éclaté dans toutes les parties de la salle, elles se sont prolongées pendant plusieurs minutes.

La séance a été terminée à trois heures.

SALON DE 1869.

MÉDAILLES ACCORDÉES PAR LE JURY.

Médailles dhonneur.

MM. Bonnat (Léon-Joseph-Florentin), peintre.
Perraud (Jean-Joseph), statuaire.

MÉDAILLES.

Section de peinture, dessins, etc.

MM. Bellay (Paul-Alphonse), Berne-Bellecour (Etienne), Bernier (Camille), Bertrand (James), Bin (Jean-Baptiste-Emile-Philippe), Brillouin (Louis-Georges), Camino (Charles), Claude (Jean-Maxime), Decock (César), Detaille (Edouard), Didier (Jules), Duran (Carolus), Fichel (Eugène), Flahaut (Léon), Foulongne (Charles-Alfred), Gélibert (Jules), Hanoteau (Hector), Harpignies (Henri), Humbert (Ferdinand), Jacquemart (Mlle Nélie), Jourdan (Adolphe), Klagmann (Henri), Lansyer (Emmanuel), Laurens (Jean-Paul), Lecomte-Dunouy (Jules-Jean-Antoine), Lévy (Henri-Léopold), Monchablon (Alphonse), Monginot (Charles), Moreau (Gustave), Pille (Charles-Henri), Priou (Louis), Régnault (Alexandre-Georges-Henri), Robinet (Paul), Ségé (Alexandre), Servin (Amélie-Elie), Thirion (Eugène-Romain), Van-Marcke (Emile), Vollon (Antoine), Weber (Otto), Worms (Jules).

Section de sculpture et gravure en médailles et pierres fines.

MM. Barthélemy (Raymond), Becquet (Just), Boisseau (Emile-André), Bonheur (Isidore-Jules), Captier (Etienne-François), Dubois (Alphée), graveur en médailles; Franceschi (Jules-François-Henri-Louis), grav. sur pierres fines; Gauthier (Charles), Hiolle (Ernest-Eugène), Leenhoff (Ferdinand), Montagne (Marius), Moulin (Hippolyte), Sanson (Justin-Chrysostôme), Tournois (Joseph).

Section d'architecture.

MM. Baudot (Anatole de), Darcy (Denis), Hédin, (Amédée), Gautier (Charles-Albert) et Sauvestre (Stephen), médaille collective ; Moyaux (Constant), Rouyer (Eugène).

Section de gravure et lithographie.

MM. Bertrand (Antoine-Valory), Didier (Adrien), Duboulchet (Henri), Gaillard (Ferdinand), Potémont (Adolphe-Martial), Rajon (Paul-Adolphe), Vernier (Emile), lithographe ; Veyrassat (Jules-Jacques).

Promotions et nominations dans l'ordre impérial de la Légion d'honneur :

ARTISTES FRANÇAIS.

Officiers.

MM. Baudry (Paul-Jacques-Aimé), peintre, chevalier depuis 1861.

Dubufe (Edouard), peintre, chevalier depuis 1853.

Fromentin (Eugène), peintre, chevalier depuis 1859.

Chevaliers.

MM. Popelin (Claudius), peintre sur émail.
Luminais (Evariste-Vital), peintre.
Lapierre (Louis-Emile), peintre.
Jacquemart (Jules-Ferdinand), graveur.
Sirouy (Achille), lithographe.
Cain (Auguste), sculpteur.

ARTISTE ÉTRANGER :

Kaiser (Johan-Wilhelm), graveur.

Louis AUVRAY.